DU SERMENT

EN MATIÈRE

POLITIQUE ET RELIGIEUSE.

DU SERMENT

EN MATIÈRES

POLITIQUE ET RELIGIEUSE,

SUIVI D'UNE

RÉFUTATION DES PRINCIPES POLITIQUES

DE

MM. DE CORMENIN ET DE CHATEAUBRIAND.

PAR M. DE L. B...

PARIS.

IMPRIMERIE DE AUGUSTE AUFFRAY,
PASSAGE DU CAIRE, N. 54.

1833.

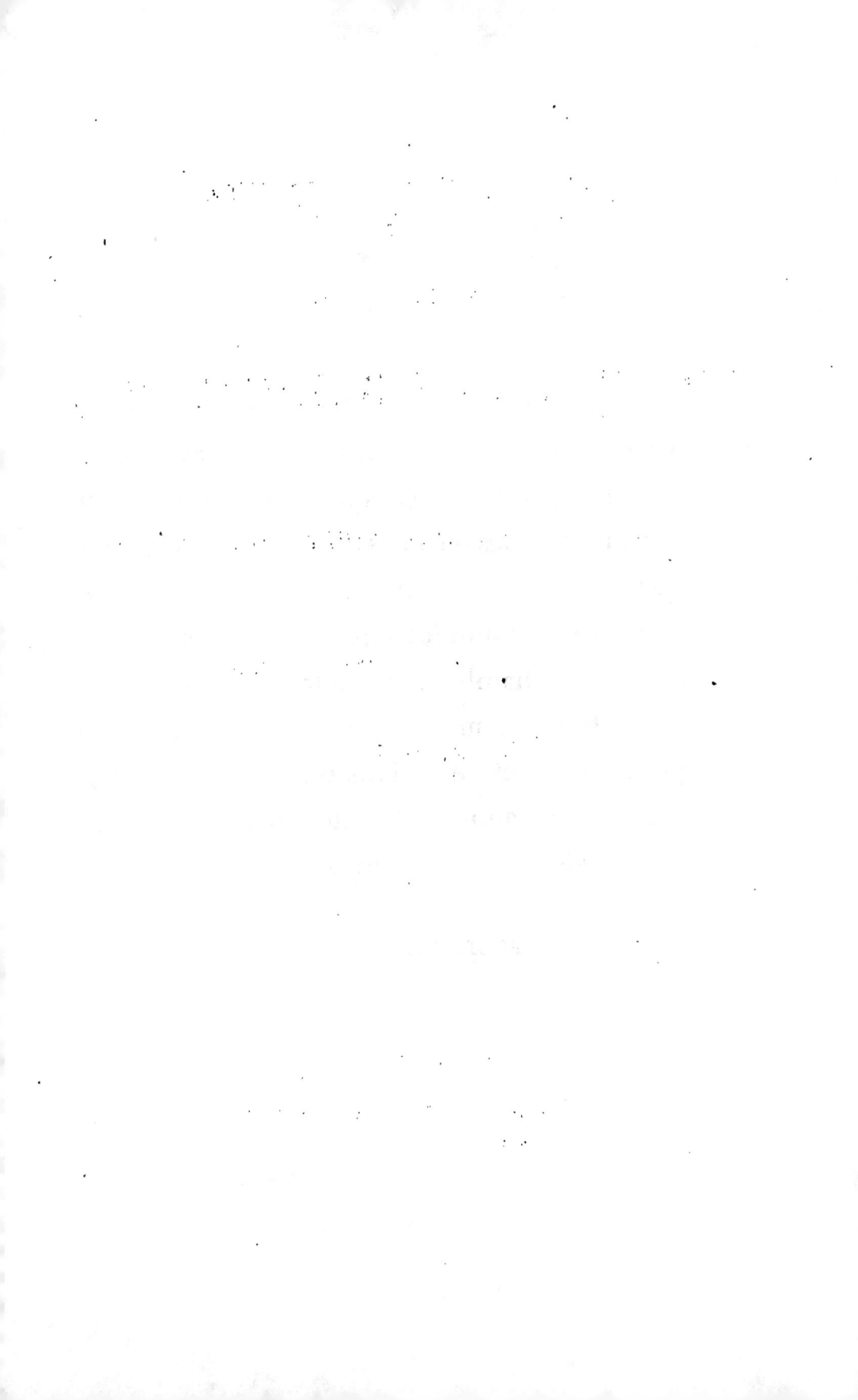

L'auteur de cet écrit, désire connaître l'opinion des hommes éclairés, afin de savoir si la chambre élective est compétente pour porter un jugement sur les sermens que font les ecclésiastiques dans leur ordination. Il demande en outre si, d'après les opinions qui se sont manifestées dans cette chambre, elle entend changer la catholicité de la majorité des Français, en changeant le caractère de l'institution des ecclésiastiques, et en annullant toute espèce de serment, soit religieux, soit politique.

PROBLÊME A RÉSOUDRE.

DU SERMENT

EN MATIÈRES

POLITIQUE ET RELIGIEUSE.

Après avoir présenté un tableau très-raccourci
des révolutions morales et politiques qui ont dé-
solé l'humanité pendant plus de quarante ans,
et troublé la société dans ses jouissances domestiques, j'espérais que le cercle de tous les
fléaux serait fermé, et qu'une nouvelle lutte ne
viendrait pas nous affliger encore.... Mais deux
déceptions monstrueuses viennent de sortir du
répertoire de quelques membres de la chambre
élective, qui vont effrayer encore la société.....
La religion gémit dans le silence, elle appelle à
son secours les hommes éclairés, pour la protéger et soutenir les maximes établies par les

décrets des conciles, par la discipline de l'église qui les consacre. Ils doivent persister dans une noble disposition pour sauver la puissance de l'église des nouveaux scandales qui se préparent, et qui déjà se font sentir au sein même de la capitale, au milieu de la confusion des luttes qui s'y établissent, en bravant l'autorité : le clergé de France bénira la plume qui ne craindra pas de repousser les erreurs que des hommes dont le cœur est aussi corrompu que l'esprit, osent introduire parmi nous, parmi nous qui sommes déjà si près de notre ruine morale.

Je ne balance pas à présenter à la méditation de mes lecteurs quelques idées qui me sont inspirées par les opinions émises à la tribune sur les engagemens sacrés des ecclésiastiques.

Voilà le problême à résoudre.

J'ai suivi la discussion qui s'est élevée sur la proposition d'un des membres de la chambre élective, placé, d'une manière affligeante pour l'honneur de la France, dans ses opinions anti-schismes, sur le serment des ecclésiastiques qui se vouent au culte des autels. Je ne pensais pas que je verrais reparaître les mêmes idées, et cette persistance coupable, qui ont germé au sein de la convention nationale, et qui ont porté des fruits si venimeux, dont personne n'a perdu le souvenir, ni du scandale dont nous avons été les témoins.

Je regrette qu'un homme dont j'estime le caractère, la morale et les lumières, ait déserté de si nobles sentimens et soit descendu dans l'arène pour prendre rang dans cette inconvenante discussion, pour y placer son autorité, pour affermir, dans le parti de l'opposition, le scandale et l'impiété qui se font jour depuis long-temps dans la *philantrophie* moderne, où elle espère cueillir une ample moisson, en faisant des ecclésiastiques des *hommes* selon le système de ces nouveaux philosophes.

Ici la justice et la morale élèvent la voix; mais je sens qu'elle aura de la peine à se faire entendre, au milieu du tumulte des passions et des cris de la discorde qu'on cherche à proclamer.

Je ne puis me dissimuler le scandale qui se prépare, qui annonce l'anéantissement de toutes les idées religieuses, qui éteint le fruit de nos études et de notre croyance.

J'avais pensé qu'après la longue révolution qui a effrayé l'univers par tant de crimes, qui a jeté dans les consciences tant de terreur et tant de regrets, qui a été arrosée parmi nous de tant

larmes, et qui a condamné à tant de sacrifices; j'a-
vais pensé que la religion, assez long-temps persé-
cutée dans son asile sacré, rendue enfin au culte
paisible des autels, retrouvant la protection de
l'autorité publique qui en est le défenseur nécessaire et obligé, je ne présumais pas qu'on
viendrait, après tant d'années de terreur et de
persécution, troubler l'harmonie sociale et la
croyance des peuples, qui est attachée à la pra-
tique de nos institutions, qui sont la règle et la
consolation des âmes religieuses. J'avoue que je
suis effrayé de la nouvelle morale que ces novateurs audacieux cherchent à introduire parmi
nous; j'avais toujours pensé qu'un serment qui
appelle Dieu à témoin de cette consécration de
vérité, ne serait jamais considéré, au dix-neu-
vième siècle de notre ère chrétienne, comme
une chimère, ou comme une vaine cérémonie
que les hommes pouvaient détruire à volonté,
en ouvrant ainsi un champ vaste à la corruption
humaine, en la poussant et en provoquant tous
les genres de dépravation. Le serment étant un
acte absolu de l'homme, un engagement sacré
envers la divinité, la pensée devant être d'ac-
cord avec son expression, ne cessait d'être obli-
gatoire que lorsqu'il y a impossibilité à le rem-

plir, la terreur des supplices, la crainte de la mort ne pouvant pas absoudre de ses devoirs un confesseur de la foi ; c'est, nous le disons, par sa constance et son courage qu'il prouve la perpétuité de la religion et sa divinité.

Voilà le principe, c'est à ces philosophes à y répondre. Le passé aurait dû cependant servir d'exemple pour l'avenir, et faire reculer devant l'apostasie les orateurs hypocrites du parti anti-religieux, les orateurs de la tribune, ces hommes que je retrouve sur la liste des hauts fonctionnaires anciens du gouvernement et du palais, qui ont fait abjuration des engagemens qu'ils ont prononcés eux-mêmes, lorsqu'ils ont été appelés à des fonctions publiques ou à des liens domestiques ; je vois qu'ils ne se sont pas donné la peine de remonter à l'origine de cette institution sacrée qui lie les hommes, en appelant *Dieu* à témoin de leurs sermens ; ils auraient vu qu'il a fallu un frein à la corruption humaine ; ils auraient trouvé qu'un être qui est au-dessus de nous, qui sait tout ce qui se passe parmi nous, qui est le vengeur du crime, par là même qu'il en est le témoin, et que, comme le dit Plutarque, tout serment étant une imprécation contre le parjure, ils auraient appris, les orateurs des parjures, que dans l'antiquité la plus reculée, les Perses attestaient le soleil pour vengeur de l'infraction de leurs promesses,

Sol qui terrarunt flammis opera omnia lustras
Esto omne sol testis. (VIRG.)

que le même serment avait pris une faveur religieuse chez les Grecs et chez les Romains; et, comme le dit Despréaux:

« Le Normand même alors, ignorait le parjure. »

Je citerai un seul trait, pour prouver combien le serment était sacré chez les Romains.

Pomponius, tribun, accusa devant le peuple *Luzinus Manlius* d'avoir conservé, à la campagne, parmi ses esclaves, son fils qui avait de la difficulté à s'exprimer, et d'avoir retenu la dictature, au-delà du terme prescrit par les lois. Son fils, surnommé *Torquatus*, se rendit secrètement chez Pomponius, et, se trouvant seul avec lui, jura de le tuer, s'il ne jurait lui-même de cesser de poursuivre son père.... Pomponius abandonna ses poursuites; le peuple y applaudit et y consentit après en avoir su la raison. Cicéron loue la fidélité de Pomponius, tant, ajoute-t-il, la sainteté du serment faisait alors impression sur les esprits.

Les Égyptiens punissaient de mort les parjures, comme coupables de deux grands crimes, l'un de violer le respect dû à la divinité, et l'autre de manquer à l'engagement le plus solennel parmi les hommes, et, comme le dit encore *l'orateur romain*, il n'y avait pas de lien plus fort pour empêcher les hommes de manquer à leur parole, *nullum linus vinculum ad astrinxendam* juro jurando majores arctius esse voluerunt. (*Cic. de off.*)

Voilà le problème présenté à la tribune par certaines feuilles du parti, qui démontre parmi les orateurs le peu d'importance qu'ils attachent aux institutions qui prennent leur source dans le sein même de la divinité : incessamment le serment politique sera présenté comme un abus ; le serment du mariage sera effacé du code humain, par le divorce qui vient d'être décrété par la chambre élective, au milieu de cette tempête révolutionnaire qui a secoué le monde et ébranlé les empires. Toutes les erreurs et tous les crimes vont de nouveau inonder notre malheureuse patrie, et appeler sur elle le mépris de toutes les nations, si la puissance du gouvernement ne vient s'interposer, pour arrêter le honteux scandale que nous préparent les passions ; il en a le droit ; la chambre héréditaire et l'autorité royale ne prêteront point leur appui à un *holocauste* qui prépare de nouveaux déchiremens parmi nous.

Un chrétien, persuadé de l'existence d'un dieu créateur, jure par cet être souverain, et n'appelle que lui, pour en être le témoin.

Il suffit, pour qu'un serment soit conforme à la religion de celui qui le prête, qu'il ait l'usage de la raison, qu'il connaisse ce qu'il fait, qu'il ait la véritable intention de prendre Dieu à témoin, enfin qu'il jure librement et sans une contrainte injuste : l'idolâtre même est obligé de tenir les sermens qu'il a faits par ses faux dieux, mais qui, dans ses pensées, sont de véritables dieux. *Divus pius juro jurando quod propria superstitione jurandum est, standum rescripsit.*

Je ne me persuade pas que les nouveaux jurisconsultes de la tribune et des feuilles périodiques, organes de toutes erreurs amoncelées, aient pu ignorer cet article du Digeste, liv. XII *de jure jurando.*

Qu'ils jugent maintenant s'il y a quelque circonstances dans la vie qui puisse permettre d'éluder les effets du serment, et s'il y a quelque puissance sur la terre qui puisse en légitimer la violation.

Faisons-en d'abord l'application aux membres du clergé et à tout homme qui se lie par un serment solennel; voyons aussi comment les mandataires du peuple pourront s'en émanciper. Lorsqu'un homme se destine au sacerdoce, il s'y prépare de loin par ses études et par la régularité de sa vie; il se pénètre des conditions qui lui seront imposées dans son ordination; on ne lui en dissimule pas l'importance : si rien ne change ses résolutions, si le tableau de l'avenir se grave dans sa pensée et l'affermit dans ses dispositions, sa vocation se manifeste et reçoit l'approbation des saintes âmes; il arrive par degrés au joug auquel il doit se soumettre; il reçoit la cléricature qui le prépare aux ordres sacrés. C'est alors que commence la consacration qui fixe sa destinée; la solennité de cette cérémonie repousse toute surprise et toute contrainte; il reçoit l'onction sacrée de la prêtrise en présence du peuple, qui est appelé publiquement en témoignage de la conduite de l'ordinant; cette enquête est solennelle; sa famille y est également appelée, son témoignage et son consentement y sont invoqués, sa volonté n'est gênée par aucune considération humaine, il jure fidélité aux devoirs qui vont lui être imposés et obéissance à son évêque... Aucune puissance sur la terre, je le répète, ne peut l'absoudre du serment solennel qu'il a prononcé en présence de l'église : j'ajoute, pour l'instruction de ces orateurs philosophes qui se jouent des sermens du haut de la tribune, et qui proclament le parjure, pour en faire une loi de l'état destinée à porter la perturbation dans les consciences de la masse du clergé, pour agiter encore les brandons de nouvelles discordes, préparer de nouveaux troubles, et peut-être le sentiment et les cris d'une guerre religieuse dont il serait impossible de prévoir le terme... j'apprendrai à ces novateurs séditieux que le cardinal de Richelieu, chargé du gouvernement de la France, auquel il consacrait ses veilles et tout son temps, adressa une supplique au souverain pontife, dans laquelle il lui expliquait les immenses travaux du ministère, dont la responsabilité pesait sur sa tête, et sollicitait la dispense de dire son office.

Le souverain pontife lui répondit que cette dispense était hors de son pouvoir ; qu'il ne pouvait délier la conscience de son éminence du serment qu'il avait fait à son ordination ; le roi Louis XIII lui-même fut fort mécontent de cette démarche, qui devenait d'un mauvais exemple dans ses états.

Croit-on qu'on trouverait dans la chambre des communes, en Angleterre, un membre assez hardi et assez imprudent pour provoquer une loi qui supprimât le serment de suprématie par lequel on reconnaît que le roi est le chef de l'église anglicane et de l'état, ainsi que le serment du *test* ou *testimonii*, par lequel on atteste la religion qu'on professe, et que tout homme qui a un emploi d'église, de robe ou d'épée, est obligé de prêter?... Croit-t-on qu'un Anglais qui aurait *proposé l'abrogation de cette loi qui fait le lien de la société* et la force de son gouvernement, ne serait pas repoussé, et l'auteur déclaré coupable de félonie et puni du crime de lèse-majesté nationale ?

Voilà la solution du serment politique, dont un ancien haut fonctionnaire a demandé l'abrogation à la chambre élective, sans doute pour annuler celui prêté au gouvernement actuel. Il n'a pas craint de se mettre au rang des parjures.

Mais parmi nous, l'impudeur de la licence à la tribune, et de certains esprits irrités et mécontens, ainsi que les feuilles périodiques, ne redoutent point la violation du serment; ils ne devraient cependant pas oublier que chez les anciens, les infracteurs des sermens étaient re-

2

gardés comme des hommes infâmes, et les peines établies contre eux n'allaient pas moins qu'à l'infamie et à la mort.

Parmi nous la charte jurée n'est point une loi irréfragable ; elle a pu être publiquement attaquée, sans scrupule, par le parti de l'opposition, qui attache même de la gloire à cette résistance.

Le *compte rendu*, rédigé chez l'un des chefs de l'opposition, Laf....., et dirigé contre la majorité de la chambre, n'en est-il pas une preuve irrécusable, ainsi que je l'ai déjà dit? N'est-ce pas là que se manifestait le retour de la république, cette fille du crime, arrosée de tant de sang et de larmes, qui leur a échappé le 5 et le 6 juin dernier, dont le parti de l'opposition n'est point encore revenu.

On a vu les mêmes membres de l'opposition faire un nouvel essai sur le chapitre 6o de la charte, au sujet des pensions, et dans presque toutes les circonstances enfin où ils pensent mutiler impunément les institutions qui forment la sécurité de la société, et le pacte juré, ne voyez-vous pas reparaître continuellement sur la scène les mêmes orateurs, et les feuilles périodiques pour les déchirer et les mettre en lambeaux?

Et tout nouvellement encore, quand on a entendu un avocat, député à la chambre élective (¹), en justifiant, pour ainsi dire, le dessein du régicide, devant la cour d'assises, s'écrier d'une voix de *Stentor* : On n'assassine plus les souverains comme on le fit du temps de *Henri III* et de *Henri IV*, ce roi si cher à la France,.... on les *chasse*.... Grands applaudissemens pour le salaire de l'orateur.... N'est-ce pas là le langage d'un ligueur furieux, d'un républicain qui ne craint ni la clameur publique, ni la honte qu'il se prépare, ni l'opinion dont sa profession doit être entourée. Croyez-vous que ce débordement des passions puisse encore se prolonger en France, sans exciter le mépris de l'Europe? Croyez-vous que la société ne serait pas éminemment menacée de dissolution, si le gouvernement n'y mettait un frein? Des écrivains sages doivent éclairer le peuple sur les dangers dont il est menacé.

Je sais que dans les assemblées d'un gouvernement représentatif que des circonstances ont établi parmi nous, il y a nécessairement divergence dans les opinions; chacun y porte

¹ Joly, ancien procureur-général destitué.

le sentiment de son devoir ; l'utilité des départemens qu'il représente, ainsi que l'honneur qui se lie à la conscience qui anime
le vœu de son mandat; il marche avec les
améliorations qui se discutent en présence de
l'opinion publique ; mais ne doit-il pas mettre
au premier rang de ses devoirs d'aider, par la
sagesse de ses conseils , les vues d'ordre et de
prospérité qui sont le résultat des méditations
et des lumières des hommes choisis par la sagesse du souverain pour perfectionner son
gouvernement et rendre ses peuples heureux?
La lutte qui s'établit entre les mandataires du
roi et les mandataires du peuple, doit-elle devenir une lutte de scandale et de désordre jour-
nalier, et un état d'hostilité qui cherche à dégrader l'autorité royale, et lui faire perdre, dans
l'opinion des peuples, le respect et cette soumission aux lois, qui sont de l'essence de tout
gouvernement? Quelle est donc la conduite de
cette portion de la chambre qui fut constituée
en *faction*, qui fait divorce avec le gouvernement créé par le peuple et consenti par toutes les
classes de la société? Dès que les chefs de ce
parti, dont la violence et les dispositions les
font repousser avec justice de toute fonction

salariée, qui deviendrait dans leurs mains une
arme dangereuse pour le repos de la France et
peut-être de l'Europe? Aujourd'hui on se plaint
des destitutions que le gouvernement est forcé
de faire des fonctionnaires publics qui conspirent publiquement dans la chambre, contre les
mesures de l'administration du gouvernement,
et qui deviennent les auxiliaires accrédités du
parti qui poursuit avec persévérance le renversement de l'autorité du roi? — Mais comment
ont-ils pu, avant de se plaindre, avoir oublié les
destitutions incalculables opérées, dès l'aurore
du trône nouveau, par les premiers ministres
qui composèrent le gouvernement du roi? Comment ont-ils oublié toutes les destitutions des
préfets, des sous-préfets et de presque tous les
hommes qui avaient des fonctions salariées?

Comment a-t-on oublié toutes les destitutions
du garde-des-sceaux [1] (*Dup. de l'Eure*), qui
aurait renversé toute la magistrature de France,
si les cris de l'indignation ne l'avaient arrêté dans

---

[1] Je les rapporte ici, dans les circonstances où se trouve la
France. C'est que les deux magistrats qui se trouvent à la tête du
système républicain, les sieurs Cab.. et Jol., députés, avaient été
nommés par le ministre, l'un en Corse, l'autre à Montpellier,
procureurs-généraux. Ils se déclarent parjures.

cette effrayante entreprise, et qui se borna à
assouvir sa fureur sur les magistrats du parquet,
sur les auditeurs et sur les inoffensifs juges-de-
paix, dont les fonctions sont toutes paternelles,
et dont la politique n'était nullement effrayante
pour le nouveau gouvernement?

Tous ces souvenirs se sont effacés de la mémoire de ces orateurs de la tribune, et de celle
des feuilles périodiques de leur parti, qui en
gardent un morne silence; mais elles aussi, appellent aujourd'hui à leur secours, surtout *le
Constitutionnel*, *le National* et les autres, les
feuilles départementales pour entourer de blâme
les nouvelles, mais plus nombreuses destitutions
qui sont dans le droit ministériel, et qui étaient
provoquées par la justice : ces grands orateurs auraient trouvé fort plaisant de voir à la fin de
chaque mois ces fonctionnaires recevoir le salaire
de leur révolte, et peut-être auraient-ils provoqué
en leur faveur quelque récompense nationale.

La modération du monarque, témoin, depuis
assez long-temps, de ce débordement des passions qui conspire contre le trône constitutionnel, doit y mettre un frein : la justice, l'opinion
de la saine partie de la nation y applaudirait; il
a aussi pour lui la force civique, la force mili-

taire, qui répondront à toutes les attaques qui
se renouvellent contre les actes de son gouvernement; il doit frapper tout fonctionnaire sala-
rié qui sort des limites de ses devoirs : il en a seul
le droit : il ne doit considérer que la sûreté et
la responsabilité de son administration, qui
reposent sur la fidélité de ses agens. — Personne
n'a le droit de s'immiscer dans les actes de son
administration : la chambre élective ne peut y
pénétrer : ces orateurs de la tribune ont posé,
eux-mêmes, les limites des pouvoirs. Dans la
constitution reçue et jurée dans toute la France,
le roi seul administre par ses ministres; il est,
de plus, une des branches essentielles du pouvoir législatif; il a , avec les chambres , l'initiative des lois; la responsabilité des ministres est
la garantie de leur exécution : il suspend celles
qui lui sont présentées, qui ne sont pas en harmonie avec les mœurs publiques ou avec les
formes du gouvernement. Rien ne peut échapper aux regards de la nation : les correspondances
des départemens avec les comités directeurs de
la capitale, les dénonciations, les pétitions qui
se multiplient librement pour accuser les ministres; la liberté de la presse, qui ne met pas de
bornes à ses déclamations et à ses rêveries, tout

doit rassurer la France; mais le gouvernement doit en imposer aux factieux, ou se livrer à tous les déchiremens politiques dont nous sommes encore menacés.

Le temps des concessions doit disparaître; le gouvernement du roi doit se montrer avec la force et les moyens qu'il doit trouver dans l'énergie de son pouvoir; et dans les circonstances périlleuses dont nous sommes entourés, toute autre manière d'agir serait une illusion, une prolongation des perturbations et d'alarmes : il n'y aurait qu'anarchie et confusion.

Les factieux, quelque système qu'ils aient adopté, quelque incertitude que leur présente leur avenir, se réunissent pour déclarer la guerre au gouvernement; il faut opposer armée à armée; il faut qu'il s'arme donc de tous les moyens que réclame la sûreté de l'état; il doit être calme, mais juste, et sévère dans ses résolutions. Ses ennemis conspirant dans l'ombre, ils s'organisent pour se montrer bientôt à découvert. L'Europe attend : le gouvernement ne peut garder le silence.

Le gouvernement représentatif, comme je l'ai dit, est composé de trois pouvoirs : le roi, la chambre héréditaire et la chambre élective.

Voilà les élémens de la puissance publique. Le roi seul est inviolable. Si les ministres sont responsables, les lois doivent prononcer sur le genre de responsabilité qui pèse sur eux; elles n'ont point encore défini les crimes dont ils peuvent être coupables et atteints; si les crimes de péculat, de trahison, ou d'abus de pouvoir peuvent leur être attribués, et si on peut les traduire devant le tribunal créé pour les juger, les lois constitutionnelles sont là, les juges sont à la porte; c'est le seul moyen de faire cesser les irritations personnelles qui portent un si grand scandale dans la société.... Mais, disons le mot...: le parti de l'opposition ne veut pas l'affermissement du gouvernement actuel; il aspire à le remplacer.

Si les ministres sont responsables des actes de leur administration, s'ils peuvent être dénoncés et poursuivis par la volonté de quelques membres de la chambre élective, pourquoi ces mêmes mandataires de la souveraineté du peuple, qui les a élevés à la dignité de législateurs de leur patrie, et pour concourir à la confection des lois; pourquoi se sont-ils investis, à eux seuls, d'une puissance indéfinie, sans responsabilité? celle de pouvoir, à eux seuls, ainsi que quelques membres de l'opposition voudraient s'en attribuer le droit, changer la constitution de l'état et soumettre à leur volonté celle du gouvernement, par le refus de l'impôt. Ce serait un étrange abus que celui de pouvoir s'émanciper d'une responsabilité bien plus importante que celle qui pèse sur la tête des ministres d'un roi qu'ils insultent journellement; je ne puis pas répondre à une telle absurdité.

Tout fonctionnaire public, tout délégué de la souveraineté du peuple, et c'est ainsi que l'entend la majorité de la chambre, est le sujet de la loi; les membres de la chambre doivent donner l'exemple de ce respect à la volonté qui les a choisis; elle a puni ceux qui s'en sont écartés.

Le général des deux mondes, le général franco-américain a tracé lui-même, il y a plus de quarante ans, ainsi que je l'ai observé (et je le répète pour que cette vérité se grave dans la pensée du lecteur), cette soumission religieuse à la foi du serment qu'il professait alors pour la loi du mandat et pour toutes les obligations qui sont consacrées par la morale et par la probité; quiconque s'en affranchit est un mauvais citoyen, et perd son rang dans la société. Je sens que cette morale ne sera pas du goût de l'opposition; qu'on la réfute, j'y répondrai.

Je suis même bien aise de trouver l'occasion de rappeler au souvenir de ce grand citoyen, pour sa nouvelle éducation politique, que lorsqu'il eût l'honneur d'être élu député de la noblesse d'Auvergne aux États généraux, il y fit une protestation de foi mémorable,... il y fit le serment d'être fidèle à son mandat,... et il ajouta que s'il était assez insensé pour le violer, il se rendrait sur le lieu même où il l'avait prêté, pour y subir la peine de son parjure et de sa félonie : que sont devenus ses sermens ?

Voilà l'histoire de la vie de ce grand citoyen, qui ne se lasse pas de courir après la renommée de l'immortalité à laquelle il ne parviendra jamais ; voilà l'histoire de ses opinions politiques anciennes et modernes, dont il entretient si souvent le public avec tant de complaisance. Auras-tu donc des yeux pour ne rien voir ! pauvre peuple.

On jugera dans quelle cathégorie il doit être placé, ainsi que ses honorables amis, aux regards de la postérité.

Quoi ! depuis les premiers fonctionnaires de l'état, jusqu'à la dernière place de l'administration d'une commune, tous sont responsables de leurs actions, tous sont sous le contrôle de l'administration supérieure; tous sont en présence des tribunaux civils et criminels; tous sont les sujets de la responsabilité qui punit le prévaricateur et le conduit souvent à la perte de leur honneur et de leur liberté!

Quoi! tous sont sous la puissance qui surveille les abus, souvent inévitables dans une grande administration, qui les conduit souvent devant la loi, qui les flétrit et les livre à la plus déplorable misère, et au désespoir qui en est la suite!

Quoi! les membres de l'opposition dans la chambre élective exerceraient une souveraineté si extraordinaire, qu'ils se permettraient impunément toutes les violations, et n'auraient d'autres juges que cette justice, où les actions des hommes seront jetées dans cette balance éternelle qu'ils ne pourront récuser, ni faire pencher en leur faveur, ni réparer les maux dont ils auront affligé l'humanité dans leur mission, ni effacer les traces de sang qui crie contre ceux qui l'ont fait verser! eux seuls ne seraient pas responsables!

Ce qui vient de se passer à la chambre élective, le scandale de l'insolente diatribe d'un député Briq...., en présence et contre un ministre

du roi, contre un général illustre, dont la renommée militaire ne peut faillir ni être obscurcie
par l'opinion hideuse d'un républicain furieux,
qui se couvre de l'inviolabilité de sa mission
pour se permettre, sans contradiction et sans
obstacle, tout ce que le langage le plus vil et le
plus hargneux, tout ce que le délire peut produire de honte et de mépris pour lui!

Quoi! aucun frein n'a mis un terme à un tel
excès d'audace! et la chambre a gardé le silence
et n'est point intervenue pour donner un exemple éclatant de la dignité qui doit présider dans
ses séances, aux discours qui y sont prononcés,
et conserver ainsi, parmi nous, cette confiance
qui est le principe et l'origine de la confiance
d'un délégué de la nation!

Quoi! la chambre n'a pas exercé son pouvoir
disciplinaire contre un de ses membres, qui a
cherché à l'avilir, en lui faisant entendre un discours calomnieux, hors de toutes les convenances et des formes parlementaires!

Quoi! la chambre n'a pas fait sur le champ
justice d'un tel désordre moral, en ordonnant
un comité secret pour faire retenir à Charen-
ton cet homme effréné, et donner par là un
exemple qui recevrait l'approbation, non-seule-

ment de tous les colléges électoraux, mais, je n'en doute pas, de toute l'Europe civilisée.

La chambre élective a usé d'une condescendance qui blessera la considération dont elle doit être jalouse, si elle veut marcher au premier rang parmi les législateurs qui fixent les regards de la postérité : cet événement doit mettre un terme à ces sortes de scandales, pour qu'ils ne se renouvellent plus. Il est du devoir du gouvernement et des chambres, de provoquer une loi qui servira d'instruction aux colléges électoraux, dans le choix de leurs réprésentans; ils se trouveront ainsi liés eux-mémes par une responsabilité commune envers la nation et l'Europe.

C'est une question radicale qui n'a pas encore été soumise à la souveraineté nationale : nous verrons si elle sera l'objet d'une émeute populaire, et si les patriotes des assemblées en feront les frais pour s'affranchir de leur responsabilité.

Je conclus de ce que je viens d'exprimer, que l'abrogation de la loi du serment serait une impiété, dont les auteurs seraient coupables envers la morale et la société.

Que le divorce qui vient d'être décrété seulement par la chambre élective, serait une offense

envers la morale, l'ordre public et les bonnes
mœurs, dont la nation repousserait l'usage.

Le gouvernement doit en exprimer l'horreur,
et prendre des mesures pour que les déceptions
coupables qui annoncent la plus honteuse dépravation du cœur et de l'esprit, ne viennent
plus importuner l'attention de la majorité de la
chambre, qui ne voudra point en être complice,
ni porter dans leurs familles la flétrissure dont
la plume de l'historien frappera leurs noms, en
présence de leurs concitoyens.

RÉFUTATION

DES PRINCIPES POLITIQUES

DE M. DE CORMENIN.

———••••———

PREMIÈRE LETTRE.

Dùm illis venena proferre licet,
nobis rɛmedia liceat apponere.
QUINTIL.

Vous connaissez, Monsieur, la prudence éminemment sociale du consul ɪomain, victorieux
de Catilina, et vous pourriez vous associer à sa
gloire, s'il vous plaisait d'enployer vos talens
au profit de la paix intérieure que nous ont
fait perdre nos dissensions. Hɔrs le cas de légitime défense, le bon citoyen ɪe sait pas dispu-
ter; il agit ou garde le silerre, à moins qu'il

n'ait à communiquer la juste expression de ses
pensées aux mandataires qui agitent les délibérations publiques, en sa qualité lui-même de
mandataire national. Aussi, comme député,
n'avez-vous point manqué à la tribune, pour y
défendre les intérêts matériels du peuple, et
pour avertir l'administration du pays des mesures économiques dont l'urgence ne saurait
plus être méconnue. Mais, rentré dans le cercle
de la vie ordinaire du simple citoyen, qui vous
obligeait d'attaquer avec tant de persistance le
gouvernement du roi, et de lancer contre lui
tant d'amères ironies? Il commence, non sans
peine, à s'élever sur des ruines encore fumantes.
Vous avez pu le voir faible et incertain, au milieu des agitations sourdes qui préparaient sans
cesse à l'État de rudes secousses. Trouvant alors
le ministère embarrassé, vous avez ri de ses
embarras, et par la profusion de vos écrits,
pleins de saillies piquantes, vous avez excité le
public à partager votre humeur caustique et
vos mécontentemens. Auriez-vous donc oublié
qu'aux approches de la guerre civile entre César
et Pompée, lorsqu'on s'alarmait à Rome sur le
destin de la république, Cicéron n'opposait à
cette crise qu'une sage discrétion. « Malgré la

3

raison qui vous distingue, annonçait-il dans
une de ses lettres à son ami Atticus, en vérité
j'ai peur qu'il n'y ait des momens où il vous arrive, ainsi qu'à moi, d'être avec douleur frappé
de certains événemens dont en effet il n'est pas
aisé de se consoler. Nous y penserons une autre
fois. » La prudence ne veut pas qu'on agisse autrement à la vue de certains embarras de la
chose publique. Elle sait comprimer jusqu'à la
plainte, juste en elle-même, qui loin de remé-
dier au mal qu'on éprouve, ne sert qu'à détruire la confiance et l'espoir d'une guérison
qu'il ne faudrait demander qu'au temps. Vos
plaintes, Monsieur, pourraient bien ne pas
avoir d'autre résultat, si vos pamphlets ont
dû faire un instant sourire vos lecteurs. J'ai
souri d'abord moi-même en vous lisant, je
l'avouerai; car c'est une séduction que l'esprit. Mais bientôt la réflexion m'a ouvert les
yeux; j'ai reconnu les dangers de vos doctrines nouvelles. Ne serait-ce point une entreprise téméraire que de vouloir les combattre?
Pour moi, je sais qu'entre nous les armes ne
sont pas égales. Vos écrits vous ont valu partout la plus haute réputation; j'allais dire une
vogue merveilleuse! Et moi, toujours auditeur,

ne ripostant jamais, retiré au fond de ma soli-
tude, lisant, écrivant peu, habile à manier la
serpe du jardin plutôt que celle de la censure,
comment oserai-je, la plume à la main, vous
aborder? Comment le son de ma voix, étrangère à la dispute et aux discussions politiques,
se mêlera-t-il à ces discussions intermina-
bles qui ont subi tant de formes et tant de
vicissitudes, exposé à tant d'erreurs et à tant
de contradictions? Eh bien, je veux être à
mon tour contradicteur, et contredire ample-
ment pour la première fois de ma vie. C'est
mon entêtement pacifique, et non pas une
manie contrariante, qui me détermine à repousser la guerre déclarée aux bons esprits par
les tristes politiques de nos jours. L'entreprise est difficile et périlleuse; n'importe. Il
faut oser, quand il y va de l'honneur et du repos
de son pays, et dévoiler l'ambition qui se cache
sous le patriotisme de certains écrivains qui
s'élèvent au milieu de nos troubles politiques.
Du reste, il me semble que ce n'est pas sur moi
que peut retomber ici le blâme d'un excès
d'audace.

DEUXIÈME LETTRE.

Vous écrivez, Monsieur, avec une facilité extrême, et vos publications, qui ne sont pas dé-
pourvues de cet esprit mordant qui plaît aux
méchans et aux oisifs, sont accueillies, par leur
malignité, avec un empressement sur lequel vous
aviez droit de compter. Pourquoi ne profiteriez-
vous pas de tous les moyens qui sont à votre
disposition dans un autre but que celui que
vous vous êtes proposé? Vous n'êtes pas homme
à placer la lumière sous le boisseau. Il est si
doux, si glorieux d'éclairer ses contemporains
et de leur enseigner la voie du bonheur, la voie
où sans cesse ils verront couler abondamment
des ruisseaux de miel et de lait. En vous pro-
nonçant d'une manière favorable à l'opinion
publique, vous auriez des droits à notre reconnaissance. Mais au contraire, loin de viser à un
but si noble, vous ne cherchez qu'à répandre

de fausses doctrines, incompatibles avec nos
mœurs, et funestes à la tranquillité publique.
Il se trouve autour de vous un nombre infini de
gens attachés de longue main à d'autres principes que les vôtres. Ils ne verront dans votre
système du vote universel que le signal d'un
désordre universel, une immense arène ouverte
aux passions. C'est l'épreuve par laquelle ont
passé de grands législateurs. Vous ne ferez point
exception à la règle, et vous ne détruirez pas
les monumens que l'histoire nous a transmis.

Je m'étonne, en vérité, que ni votre âge, ni
votre expérience des hommes ne vous ait pas
donné assez de maturité pour vous mettre à
même de rectifier les idées que vous avez répan-
dues en public. Vous prenez devant nous un ton
magistral, un ton élevé que vos propres amis
n'ont pas goûté. Ne soyez donc pas surpris
qu'au lieu des éloges auxquels votre jeune ambition prétendait, on vous adresse quelques re-
proches.

Vous nous prenez au berceau de la civilisation. Il n'était pas absolument nécessaire de remonter si haut. Eh bien, voyons comment les
sociétés humaines se sont formées. Nous parti-
rons de là pour examiner vos conceptions et

discuter votre système. On sait généralement,
comme vous, Monsieur, que l'homme nourrit
dans son cœur le désir naturel de l'indépendance; que son orgueil s'irrite à la vue des
chaînes qui entourent sa liberté native; que ses
premiers mouvemens ne tendent qu'à le dé-
barrasser des entraves qui gênent ses affections
et ses penchans. Les progrès successifs et lents
de la civilisation ne pouvaient donc s'opérer
qu'en écartant les saillies des volontés indivi-
duelles, en surmontant les mille résistances de
l'égoïsme, à travers les horreurs de la licence et
de la barbarie. Mais l'homme isolé demeurant
trop faible, en présence de la liberté de ceux qui
combattaient la sienne, comprit que son instinct
social devait l'emporter sur l'instinct sauvage
de l'indépendance. Il sentit le besoin d'assouplir
ses habitudes et sa liberté naturelle pour obtenir en échange, au lieu de jouissances passa-
gères et souvent disputées, la garantie d'une liberté moins étendue, mais plus certaine et plus
propre à son bonheur.

Voilà comme un nouvel ordre de choses,
présidant à la naissance des sociétés, permit aux
peuples d'espérer une meilleure destinée, sous
la condition des devoirs inséparables de toute

civilisation. Il en résulta bientôt pour les hommes une existence plus en harmonie avec leurs facultés. Les besoins communs amenèrent des conventions réciproques, imposèrent des obligations mutuelles, et substituèrent des sentimens humains aux poisons de la jalousie et de la haine.

Pendant que les hommes épars se rassemblaient en corps de société, il leur importait de concentrer les forces et de régulariser les volontés particulières. Il fallut donc en remettre la direction à celui d'entre eux qui leur paraîtrait le plus sage, et qui saurait le plus puissamment concilier les divers intérêts, prévenir les dangers à craindre, et maintenir le juste équilibre des élémens de l'ordre social, que des luttes à peine réprimées pouvaient troubler. La monarchie, en conséquence, fut instituée. C'est par là que tous les peuples anciens et modernes ont débuté. Il est vrai que les peuples, à mesure qu'ils s'éloignaient de leur installation primitive, ne se méfiant point assez de l'inconstance populaire et des ambitieux qui savent toujours en profiter, soutinrent plus d'une fois des luttes vigoureuses que suivirent des changemens mémorables et de ruineuses vicissitudes.

Le nom séduisant de république prévalut quelque temps; mais la démocratie, multipliant les abus du pouvoir, et ne tardant point à se rendre odieuse, ramena bientôt à l'unité du pouvoir monarchique les états civilisés.

Vous n'eussiez pas mal fait, Monsieur, de méditer l'histoire de ces changemens politiques avant de nous débiter vos doctrines. Mais vous avez laissé loin de vous les penseurs philosophes, Grotius, Puffendorf, Montesquieu, l'Hôpital, Bacon, et jusqu'au citoyen de Genève, qui semble vous avoir entraîné dans la carrière des révolutions. Ces docteurs illustres qui vous ont précédé ont voulu perfectionner l'ordre social. Vous les avez surpassé tous. Aucun d'eux n'a ressenti plus vivement que vous la nécessité de recommencer l'organisation sociale. Vous ne voyez parmi nous que des abus invétérés, des abus sans nombre. Vous y apporterez une réforme complète et radicale. Déjà les cent bouches de la renommée vous en proclament le fondateur accrédité. L'homme est dégradé, selon vous, par l'esclavage auquel, depuis longtemps, les lois ont asservi sa dignité. Aujourd'hui qu'il a brisé ses chaînes contre le pavé des barricades, vous entendez qu'il renaisse au jour

plus pur et plus serein d'une autre existence,
inconnue pour lui autant que pour vous. Le
peuple, qui admire d'autant plus ce qu'il com-
prend le moins, admire en vous son premier
publiciste. Vos opinions, qui ne manqueront
pas de se traduire en toute langue, voire même
en chinois, deviendront le code universel du
monde. La France y verra les gages de la paix
et de sa prospérité. La valeur de vos promesses
est dans les feuilles anonymes de la *Gazette de
France*, du *National* et du *Constitutionnel*. On
sait que leurs prévisions ne sont pas aventurées.
Combien de savans auxiliaires, ajoutés à ces
organes journaliers, aideront aussi votre belle
entreprise! La France, qui ne vous offre qu'un
peuple quasi barbare, échappé tantôt des forêts
de la Germanie, doit en effet recevoir bientôt,
grâce à votre système régénérateur, une éducation merveilleuse. Grand merci de votre généro-
sité.

Un scrupule pourtant m'inquiète; vous allez
bouleverser nos idées héréditaires, et jeter à bas
l'édifice de nos dernières institutions auxquelles
vous avez, dit-on, prêté votre concours. Prenez-
y garde, le temps est venu où les esprits, fatigués des secousses révolutionnaires, éprouvent

enfin le désir d'une conciliation qui tendrait à lier entre eux les divers intérêts de la société, en essayant de rapprocher des inclinations divergentes. Il me semblerait aussi que les deux factions ennemies du régime actuel y peuvent trouver leur intérêt : les anciens royalistes peuvent-ils être fâchés de reconnaître, sur le trône constitutionnel, une goutte échappée du sang de nos rois? quant aux amis de la pensée plutôt que de la forme républicaine, ont-ils à se plaindre aujourd'hui d'une Charte qui admet le principe fondamental de la souveraineté nationale? Est-ce que les partis opposés ne trouveraient pas leur compte à la royauté nationalement proclamée de Louis-Philippe d'Orléans?

A cette élection solennelle, faite au nom du peuple français, et que rendaient légitime les dangers publics autant que les lumières acquises par quarante années d'expérience, quelle opposition s'aviseront-ils de former ces gens difficiles, reniant des faits accomplis, pour embrasser des chimères, et se reposer aveuglément sur de vaines et fausses théories ? Et c'est vous, M. de Cormenin, vous magistrat éclairé, c'est vous qu'une réflexion tardive a rendu le plus ardent conseiller de cette opposition ; le fait, dites-vous,

est accompli si l'on veut au gré de la chambre
des députés; mais il n'a pas été sanctionné d'une
manière suffisante, il manque à son autorité
une consécration qu'il ne peut recevoir que du
vote universel de la nation française; voilà,
certes, un beau remède à l'état de la France? Il
est de ceux qu'on nomme héroïques, violens et
propres aux maladies désespérées. Courage,
habile médecin; essayez l'emploi de votre remède. Comment vous y prendrez-vous? Oh!
nous aurons, pour notre opération, un congrés.
—Je vous entends, vous avez craint d'articuler
le mot de convention nationale; mot terrible,
entaché des plus cruels souvenirs.

« Ce nom seul fait trembler nos veuves et nos
filles. »

Vous n'en tenez pas moins à votre système.
Ainsi la nation doit se lever en masse, et tra-
vailler efficacement, au milieu de cette énorme
cohue, à sa réorganisation générale. Charles X
n'étant plus roi, vous n'en connaissez pas d'autre. Nous sommes revenus, selon vous, au berceau de la monarchie, à cette époque où la société française fut assujétie à la domination d'un
roi, sans avoir été consultée ni entendue, sans
avoir émis son vœu dans une assemblée régu-

lière qui aurait tenu registre de ses délibérations,
afin de nous laisser un incontestable monument
de la volonté nationale. Avez-vous découvert
jamais rien de semblable, en feuilletant les annales des peuples de la terre? Quand un peuple
sort du cahos de la barbarie ou de l'esclavage,
le croyez-vous capable d'imaginer un procédé
rationnel et méthodique, à l'instant du danger
qui le presse de se donner un chef? Le choix
alors ne peut être qu'instantané. C'est ainsi que
le choix de Louis-Philippe a été proclamé, à
l'instant où les Bourbons de la branche aînée
eurent abdiqué la couronne, et qu'il importait
à la sûreté publique de les remplacer provisoi-
rement.

Le peuple, en ce cas, n'a-t-il pas agi légalement et librement? N'a-t-il pas exercé la souveraineté qu'il avait reconquise? Par qui lui
fut-elle disputée? Ne vit-on pas, au contraire,
toutes les classes de la societé unir au vote législatif leurs suffrages unanimes? Les départemens n'ont-ils pas adhéré à l'expression de la
capitale? Que dis-je? le vétéran de la liberté,
cet illustre général des deux mondes, s'est-il
trouvé endormi aux approches des événemens
de juillet? N'a-t-il pas confondu sa voix avec

celle du peuple en faveur du nouveau roi? Dites
si le mot de république a retenti une seule fois
aux oreilles du tout puissant Lafayette. Il guet-
tait peut-être une invocation républicaine. Il
était à même de saisir l'occasion de mettre en
jeu sa politique favorite. Il avait à ses ordres
l'armée conquérante, et ces orateurs véhémens
qui depuis....; mais alors ils étaient populaires.
Le peuple qui ne voulait pas de république,
mais la monarchie, suivant une charte rectifiée,
trompa donc l'ambition des plus chauds patriotes. Ils n'ont rien gagné au bouleversement de
la France, et leur bon général a dû remettre sa
vieille épée dans le fourreau en attendant la solution de son programme destiné aux institutions républicaines.

C'en est fait : la royauté que nous avons proclamée est aux mains d'un prince du sang royal,
grand par sa naissance, par sa fortune, par ses
lumières, par la confiance qu'il inspire ; un
prince qui, sa fortune et sa naissance exceptées,
ressemble à celui qu'Alexandre établit roi des
Sidoniens, à la place de Straton[1] qui avait désho-
noré le trône ; un prince ravi aux occupations

[1] Abdolanim.

champêtres, et maintenant occupé du bonheur de sa patrie comme de sa famille nombreuse, curieux de vivre en paix avec tous ses voisins, instruisant les jeunes princes ses fils à devenir le soutien et la gloire de la France; un prince, en un mot, à qui des pamphlétaires injurieux n'adressent qu'un seul reproche : la sévérité de son économie. Eh, bon Dieu! c'est là justement le reproche qu'on adressait, même en plein théâtre, à cet ancien duc d'Orléans qui régna sous le nom de Louis XII, et qui mérita de la France entière le surnom de Père du peuple. Singulière avarice que celle d'un roi sobre et vertueux, consacrant chaque jour aux besoins publics, ainsi qu'aux souffrances particulières, une grande partie de sa fortune! Il est vrai qu'en dérogeant à la coutume de ses aînés, il aime à payer ses créanciers.

Un roi que signalent tant de qualités, le jugerez-vous coupable d'avoir usurpé la couronne? Avait-il besoin de la solliciter? Aurait-il déterminé les suffrages d'un peuple libre, nommant son chef à haute voix, son chef absent de la délibération publique? Durant cette crise de juillet, vous n'étiez pas sans doute au rang de ceux qui élevaient des barricades et combattaient à la clarté du jour. Entraîné par leur exemple, et jaloux de concourir à la satisfaction de leurs vœux unanimes, vous eussiez couru un des premiers au domaine rural qu'habitait Louis-Philippe; vous l'eussiez arraché aux délices de ses jardins, et forcé de venir comprimer par sa présence l'anarchie sanglante qui épouvantait la capitale. Vous n'eussiez pas douté alors du principe de son élection. Vous l'eussiez accompagné triomphant à l'Hôtel-de-Ville; et son titre de lieutenant-général du royaume, vous l'eussiez voulu remplacer tout-à-coup par le titre légitime de roi des Français : titre légitime assurément; puisque Louis-Philippe le tient de la voionté du peuple et de la proclamation des Chambres réunies à l'effet de constituer en France le pouvoir suprême.

Que feraient de plus, je vous le demande, ces comices extraordinaires dont vous réclamez le vote universel? Est-il une condition légale qui n'ait pas justifié pleinement et cimenté le titre voté par la souveraineté même que vous avez définie? Ouvrez enfin les yeux à l'évidence. Ne contestez point par des chicanes misérables une élection démontrée indispensable, légitime, et qui devrait au surplus résulter de vos principes.

Les doutes qui suspendraient encore votre approbation ne sont-ils pas éclaircis? Avouez sans
peine que Louis-Philippe est dûment investi de
l'autorité qu'une élection beaucoup moins solennelle, moins libre et moins nationale, accorda
au mérite éminent de Hugues-Capet, sur le
royaume de France. Quant à nous qui, de bonne
heure, soumis aux décrets visibles de la Provi-
dence, avons salué de nos hommages la royauté
constitutionnelle, et qui lui avons juré fidélité,
nous avons déposé le serment de notre foi dans
les actes publics : il ne sera pas violé par nous;
reposez-vous sur le caractère de notre engagement le plus honorable.

TROISIÈME LETTRE.

———

Vous remarquez judicieusement que Paris n'est pas toute la France, et vous ajoutez que le vote émané de Paris, à bon droit, ne représente pas celui des départemens du royaume. Il nous reste à savoir quel prince le peuple, hors de Paris, choisira comme le plus digne du trône. Or le choix extra-parisien ne peut surgir que d'un congrès national. A merveille : il ne s'agit plus que d'apprendre où, quand et comment votre congrès de votans établira ses séances ; qui leur en donnera le pouvoir ; qui leur prescrira l'ordre et la marche de leurs délibérations. Il n'y a pas, selon vous, d'autorité supérieure à la souveraineté du peuple ; ce sera donc le peuple qui décidera tous ces points ; mais par quel organe ? vous êtes là, M. de Cormenin. La France est dans l'attente et dans une anxiété pénible, elle est veuve de pouvoir et de paix, elle veut

4

exercer toute sa liberté, comme elle en a le droit, dans le naufrage général. Je n'ai trouvé qu'un seul moyen, celui d'une insurrection, dans chaque chef-lieu de département, qui réunira les peuples comme ils l'ont été à Paris, non en congrès, comme vous le proposez, mais en champ de mars ou de mai, pour se donner un chef, pour le gouverner d'après les conditions qui lui seront imposées pour l'exercice de sa souveraineté.

Allons, M. de Cormenin, marchons;... ne soyez pas effrayé des obstacles; vous avez accoutumé le peuple à la révolte, vous lui avez ouvert le répertoire de vos vastes connaissances en administration et en insurrection; vous avez tout dit dans les écrits que vous nous avez communiqués; vous avez même pénétré dans la cuisine du souverain ; vous avez réglé ses dépenses domestiques; pour en faire le calcul, vous en avez fixé le chiffre pour le mettre en harmonie avec votre budget. Marchons donc; votre réputation et celle de vos amis ne doit pas être compromise; donnez des souverains à toute la France; déterminez une liste civile qui fasse honneur aux principes d'économie qui sont les élémens de votre patriotisme.

Je ne vois, monsieur, d'autres moyens, pour cela, que celui de convoquer vos comités d'insurrection dans tous les départemens. Vos correspondances y sont établies; vous connaissez les moyens de les organiser, vous y avez préparé les esprits depuis long-temps; ils trouveront leur pouvoir dans l'exercice commun de leur souveraineté.

Mais, comme nous l'avons observé, qui pourra donner des instructions? Il n'y a plus ni roi, ni patrie, ni nation organisée ; il n'y a plus ni ministres, ni préfets, ni autorités publiques et régulières qui puissent diriger une convocation aussi vaste et aussi générale. Il faut qu'elle soit spontanée partout; il faut que les comités-directeurs de Paris choisissent des délégués dans leur sein, avec des instructions énergiques pour appuyer votre système : vous trouverez des hommes déterminés parmi ces hommes éclairés qui se sont honorablement montrés dans les barricades de la capitale. Faites parler les journaux pour préparer l'opinion publique; donnez à vos émissaires les pouvoirs les plus étendus; rappelez-leur l'énergie des anciens proconsuls, qui parcouraient la France en triomphateurs, en répandant partout l'épouvante et la terreur;

c'est ainsi qu'ils faisaient taire toutes les opinions; et préparaient le triomphe de la convention nationale et d'une nouvelle patrie.

Votre réputation est là, M. de Cormenin; elle
s'agrandira par les succès que vous recueillerez.
Ainsi, vous serez placé au nombre des fonda-
teurs d'une législation qui sera gravée sur l'airain de l'immortalité.

Je vois encore ici votre incertitude et votre
embarras : à qui adresserez-vous ces instituteurs
politiques? Ce ne peut être qu'aux correspon-
dans de votre comité-directeur. Je vous propose
un moyen. Ils feront placer des affiches pour la
réunion du peuple; ils en tapisseront les rues
des chefs-lieux des provinces; on sonnera le
tocsin; on préviendra les commandans de la
garde nationale; le lieu de la réunion sera indiqué; le peuple s'y rendra en foule, n'en doutez
pas, mais peut-être aurez-vous d'autres difficul-
tés à résoudre. Je vois toutes les populations des
chefs-lieux des provinces rassemblées spontanément sur les places publiques ou dans les églises;
tous ces habitans, soit propriétaires, soit prolé-
taires, s'y rendront; les militaires n'y manqueront pas : tous auront-ils le droit de voter? Je ne
vois pas qui pourrait l'empêcher : c'est leur

droit; mais à quel âge leur voix pourra-t-elle compter? Tiendra-t-on registre du nombre des votans, ou fera-t-on un nouveau dénombrement des citoyens pour composer le vote universel? Prenez-y garde, il faut que le comité, ainsi que les gazettes, aient résolu ce point important, puisqu'il n'y a pas de loi : il faut que les instructions soient claires pour leur donner une légalité souveraine, pour y suppléer.

Mais encore une idée sombre vient m'assaillir, pénétré que je suis de l'intérêt de votre gloire. Avez-vous pensé à la classe ouvrière? Vous savez qu'elle est immense en France; vous savez qu'elle a ses orateurs et une éloquence particulière; vous savez quelles sont ses volontés; vous savez qu'elle est l'instrument des émeutes et des révolutions. Elle voudra jouir de l'exercice de son droit : vous y opposerez-vous? Le pourrez-vous? Ils sont Français; ils voudront concourir au vote universel. Il faut éviter de nouvelles insurrections, ils seraient les maîtres du champ de bataille. Mais prenez garde que le monstre à cent têtes, dont parle Horace, *la discorde, n'abaisse ses noires oreilles, et que les couleuvres tressées dans les cheveux des furies se raniment.*

Marchons toujours, M. de Cormenin, je m'effraie de votre incertitude; choisissez bien vos missionnaires, il vous en faudra un grand nombre; mais avant d'en faire l'emploi dans toute la France, attendez le succès du premier essai dans une ville voisine de la capitale (1) : commencez par la Normandie; surtout recommandez à vos adeptes de mettre de la fermeté dans leurs discours et qu'ils ne s'étonnent pas des cris qu'il sera difficile d'étouffer d'abord; il vous faudra du courage, M. de Cormenin, c'est en votre nom qu'ils vont parler; l'assemblée commencera peut-être un peu tumultuairement, cela ne peut-être autrement; elle servira de règle aux communes qui en dépendent. Je me représente ce qui va se passer : écoutez.. écoutez.

La séance s'ouvre; les missionnaires du comité-directeur, armés de leur diplôme, seront introduits; ils demanderont la parole, le silence s'établira; leur voix, quoique un peu troublée, sera mélodieuse; leurs sons seront arrondis, leurs mouvemens oratoires seront bien calculés et gradués, tels que nous avons coutume d'enten-

(1) J'aurais choisi le département dont vous avez l'honneur d'être le représentant, mais ce département n'existe plus; son organisation est confondue avec le royaume de Paris.

dre la vehémence des discours desdits orateurs.

Ils feront part à l'assemblée de leur mission ; ils en expliqueront les motifs ; leurs pensées seront élevées ; elles seront présentées avec clarté, pour être entendues par toutes les classes des citoyens ; leur patriotisme sera brûlant ; tout ce qui sortira de leur bouche sera enflammé d'amour pour la patrie ; ils s'étendront avec grâce sur les circonstances qui ont amené les mémorables événemens de juillet, qui peut-être ont déjà disparu de leur souvenir ; ils proposeront de s'organiser en convention nationale, pour délibérer sur les intérêts de la patrie, et pour établir un nouveau pacte social et politique ; ils exposeront que les habitans de la capitale, ayant renversé depuis plus de deux années le trône de la dernière dynastie des Bourbons, les habitans de la province de Normandie sont appelés à se constituer en corps politique, et à se donner des autorités pour les gouverner ; et que c'est en vertu de la souveraineté du peuple, qu'ils sont réunis ; que la ville de Paris à nommé son souverain, que toutes les provinces sont appelées à marcher sur ses traces, et que la province de Normandie est appelée la première à exercer ses droits politiques ; elle est puissante par sa population, par ses richesses, par son industrie, par les souvenirs du rôle politique qu'elle a joué autrefois ; elle a eu ses souverains particuliers, ainsi que la Bretagne ; toutes les deux sont appelées aujourd'hui à recommencer leur existence politique, d'après votre système, M. de Cormenin, à se donner des lois, à rétablir leurs coutumes et leurs anciens usages, enfin à se créer un gouvernement particulier et indépendant.

Je vois que cette exposition, faite avec adresse, occupera l'esprit de l'assemblée ; l'étonnement remplira toutes les âmes ; un morne silence se répandra partout : au milieu de cette confusion d'idées, l'impatience se manifestera parmi les auditeurs assemblés dans ce *forum*; ils se communiqueront leurs pensées ; des cris partiront de toutes parts, — ils seront apaisés par un vénérable vieillard, entouré de l'estime publique, qui prendra la parole.

Un profond silence s'établira, la scène prendra un caractère de gravité qui fixera l'attention de l'assemblée.

Messieurs, vous venez d'entendre un étrange discours; je vois le trouble qu'il a produit sur vous, je vais chercher à vous éclairer, et à m'é-

clairer moi-même, et prendre conseil de votre
patriotisme, de vos lumières, et de votre amour
pour le bien public.

Je demande d'abord à ces missionnaires qui
ils sont, de qui ils ont reçu leur mission, pour
venir répandre parmi nous des maximes dont
nous devons être effrayés, et que nous devons
considérer comme anti-sociales. Lorsque la
France est organisée en corps politique, pourquoi viennent-ils troubler la paix dont nous
jouissons, et porter aussi audacieusement la
perturbation et l'effroi dans nos familles, et
parmi des citoyens fidèles à leurs sermens, à la
loi et au maintien d'une constitution que nous
avons juré de défendre? Qui sont donc ces hommes qui viennent nous annoncer que tout ce
qui a été fait depuis le renversement de l'ancienne dynastie est radicalement nul? que la
souveraineté du peuple est méconnue dans le
choix du roi, dans celui de ses ministres, dans
les élections départementales, dans la nomina-
tion des préfets, dans celle des juges?... que les
ordonnances royales ne sont que l'abus d'un
pouvoir arbitraire et usurpé; enfin que la France
est veuve de tous les pouvoirs qui fondent la
prospérité des nations?... Considérez, messieurs,

dans quelle position nous placent de tels principes.

Je serais effrayé du chaos qui s'ouvre devant
nous : je me réfugie dans la confiance de vos
lumières, et dans la foi de vos sermens.

Les plénipotentiaires du comité-directeur, justement interdits, demandent à justifier leur mission; on leur permettra de monter à la tribune
aux harangues, et de s'expliquer.

Ils annoncent qu'ils n'ont pu résister aux promesses qui leur ont été faites, et à l'opinion
d'une puissance aussi immense et aussi élevée
que celle du comité-directeur de la capitale,
qui organise les insurrections, et dont les rami-
fications s'étendent sur toutes les cités de la
France.

En nous chargeant, diront-ils, d'une mission
aussi redoutable, nous n'en avons pas calculé, à
la vérité, l'étendue et les conséquences... Jeunes
encore dans la carrière politique, à peine stagiers,
notre ambition l'a emporté sur notre réflexion.
Cette nouvelle carrière, née dans les rues de la
capitale, qu'on nous a montrée si glorieuse, a
séduit nos imaginations ardentes et irréfléchies.
Un voile a obscurci notre raison inexperte; on
nous a déguisé l'abîme où nous devions être

ensevelis ; nos espérances se sont multipliées....
Nous avons vu les audacieux braver tous les
obstacles, se mettre aux premiers rangs des ennemis de l'ordre public, se faire craindre, se
montrer insatiables de pouvoir : nous avons cru
pouvoir les imiter et les suivre dans la carrière
périlleuse des désordres politiques : nous re-
connaissons, avec une douleur profonde et un
repentir sincère, que nous nous sommes laissés
égarer ; que nous n'avions pas assez étudié le
passé, ni le présent, ni assez calculé l'avenir. Il
est vrai qu'on nous a fait jouer un rôle dans les
barricades, et qu'on nous a présenté pour mo-
dèle ce général illustre qui a eu de si éclatans
succès dans la carrière des insurrections pour
agrandir sa réputation populaire, en poursuivant dès long-temps le gouvernement monarchique, que tant de siècles de gloire semblaient
rendre impérissable. Nous avons erré comme
des voyageurs sans guides, au milieu de cette
mer orageuse des révolutions, où nous ne trou-
vons aujourd'hui que des écueils dangereux
prêts à nous engloutir et à nous dévorer. Nous
avons abandonné le plan de nos études pour devenir un jour honorablement utiles à nos familles et à nos concitoyens. Tout disparaît de-

vant nous; un repentir tardif est tout ce que
nous recueillons de notre association au complot perfide dans lequel nous avons été entraînés. Nous nous remettons à la disposition de
cette assemblée; elle aura égard à notre jeunesse
et à nos illusions; nous désirons rentrer sous la
domination des lois et sous le respect que nous
devons aux nouvelles institutions qui ont été ac-
ceptées par toute la France, qui repousse toutes
les illusions qui avaient enflammé nos imaginations en faveur de la république. Nous devons
l'avouer, ce qui avait fortifié nos espérances,
c'est que nous devions trouver une moisson
abondante de gloire et de fortune dans le renversement général que préparait le système du
célèbre jurisconsulte politique M. de Cormenin,
système qu'il a médité pendant près de deux années, système dont les feuilles publiques se sont
emparées, et qu'elles perpétuent encore pour
faire des conquêtes dans l'opinion publique :
voilà ce qui a ouvert l'abîme à notre faible
raison.

Vous êtes des imposteurs, leur crie-t-on de
toutes les parties de l'assemblée; il faut les punir de leur audace.

Il n'est pas possible, reprend le vénérable

vieillard, il n'est pas possible qu'un député, dans quelque rang que vous le preniez, à quelque parti qu'il appartienne, quelque opinion qu'il ait adoptée, dès qu'il a accepté un mandat, en vertu d'une loi, qu'il a fait le serment d'y être fidèle, et qu'il a renouvelé ce serment en présence du roi et de la nation assemblée en corps délibérant; enfin lorsque son nom est inscrit sur la liste publique d'un département, je ne croirai jamais qu'un tel homme ait pu faire circuler les opinions que vous venez d'exprimer au milieu de cette assemblée composée de bons citoyens; il se serait rendu coupable d'une double félonie ; il se serait créé chef de parti; et quoique la qualité de député le rende inviolable et libre dans ses opinions à la tribune, la loi fait exception pour tout homme pris en flagrant délit pour crime de lèze-majesté nationale et de félonie.

Il devait savoir, ce législateur, s'il avait étudié l'histoire, que la violation du serment a été considérée dans tous les temps, et chez tous les peuples, comme un crime honteux que repoussent la morale et la société qui la flétrissent.

Il devait savoir qu'elle était punie de mort en Égypte; que chez les *Daces* les parjures étaient

condamnés à aller *nus* comme des *bêtes ;....* que
les Scythes les obligeaient de joindre à leur nom
celui d'*Eunuque*. Il devait savoir combien le sénat romain avait livré, aux ennemis, de citoyens
ui ne voulaient pas tenir leur parole, ou qui
chicanaient sur leurs sermens, et combien il
avait condamné des mauvais conseils qui avaient
eu d'heureux succès.

Je ne dois pas le dissimuler, tous les prestiges de la séduction et de l'ambition se sont emparés de l'imagination ardente de malheureux
insensés qui, même, avec une gloire à conserver, se sont livrés à la risée publique. Nous
devons les plaindre, et notamment un écrivain
célèbre (1) qui a attaché sa renommée au système
de M. de Cormenin; et il n'a pas craint, dans
sa vieillesse, de déshonorer la réputation qu'il
avait acquise dans sa carrière littéraire par le
talent descriptif de ses pélerinages, où il a montré le zèle d'un écrivain moral et religieux, dont
la philosophie, la piété et la morale se sont emparées. Je le plains d'avoir déserté sa retraite où il
employait son temps à poursuivre ses travaux lit-
téraires, pour venir se montrer dans la capitale,

(1) M. de Châteaubriand.

en ambassadeur prophète, sur la scène orageuse
des passions politiques. Je le plains; de tristes
réflexions entoureront ses vieux ans passés à la
recherche de la vérité; elles lui rappelleront,
mais tardivement, la mobilité de ses pensées et
de son caractère, et la déchéance de son ambition à laquelle il s'est volontairement livré.

Nous l'avons suivi dans le cours de ses vastes
excursions sentimentales; nous ne l'avons pas
perdu de vue, du moment où il s'est montré dans
le monde politique où il a trouvé une défection
complète; il a voulu résister à l'opinion publique, nous l'avons abandonné à l'erreur de
son ambition mal calculée. Nous nous sommes
rappelés seulement l'avoir vu, tantôt entre le
Labrador et les *Florides*, entre les rivages de
l'*Atlantique* et les bords de l'*Ohio*, poursuivant
sa carrière périlleuse à travers le nouvel *Eden*
des sauvages du nord de l'Amérique, errant au
milieu de ces bois antiques et solitaires encore
inconnus aux peuples civilisés, y cherchant les
conquêtes et les prestiges de la séduction, met-
tant l'innocence et la vertu aux prises avec les
faiblesses et l'inexpérience des passions toutes
nouvelles, inondant de larmes et de regrets cette
tête décolorée qui succombe à toutes les dou-

leurs de sa passion, et rendant le dernier soupir dans les bras de son séducteur, qui s'apprête à creuser de ses mains la tombe où doivent être renfermées les dépouilles mortelles de l'infortunée victime.

Cet épisode, d'un voyageur jeune encore, préludant à la renommée après laquelle il se précipitait, a retenti en France et en Europe; la philosophie et les âmes livrées aux expansions de la sensibilité s'en sont emparées pour lui donner de la célébrité. Le nom de l'auteur est écrit sur l'écorce de l'*érable* et à l'entrée de la grotte où s'est terminée la touchante aventure de la fille de *Lopez*, qu'il a peinte avec des traits de feu et avec toutes les grâces d'une sensibilité brûlante.

Retournant sur ses pas, à travers des mers orageuses, abandonnant les rives sauvages où il a laissé des regrets éternels, nous l'avons vu sur le chemin de Samarie, visitant les tombeaux des martyrs de la foi, poursuivant son pieux pèlerinage jusqu'à la *crèche sacrée* qui a été le berceau d'une religion divine, descendue du ciel pour réconcilier l'homme avec les jouissances éternelles qui lui sont promises, parcourant la ville de *Jéricho* où s'opérèrent tant de miracles

qui devaient changer la face de la terre, péné-
trant dans Jérusalem, cette ville *déicide,* où les
bourreaux s'emparèrent de l'homme-dieu pour
le mener au supplice, quoique témoins chaque
jour de tant de merveilles qu'il opérait au milieu de la synagogue, sur les places publiques,
en présence des princes et des sacrificateurs, et
d'une immense population qui le proclamait le
roi d'Israël.

Montant ensuite au Calvaire, où se consomma
le sacrifice, et n'oubliant pas la tombe qui ren-
fermait les dépouilles mortelles et divines tout
ensemble qui devaient prouver l'immortalité de
la mission qu'il avait reçue de son père, en
triomphant de la mort et du crime de ses bourreaux.

Pénétré de toutes ces vérités, l'auteur du
Génie du christianisme y a puisé les consola-
tions qui honorent la croyance de sa morale et
de sa foi ; il les a présentées aux âmes tendres et
fidèles comme un dédommagement de tout ce
qu'elles avaient souffert pendant le cours d'une
longue et sanglante révolution, qui avait éloigné
loin de nous toutes les pratiques d'une religion
créée pour le bonheur de l'humanité.

Combien une muse si douce et si flexible,

aurait eu une célébrité plus uniforme! combien
elle aurait recueilli de moissons dans l'opinion
publique! si ses accens ne s'étaient attachés
qu'à peindre la morale et la croyance des peuples religieux, en attaquant les vices qui la dégradent.

Mais entraîné par d'autres pensées, il a changé
sa destinée, il a déserté un champ si vaste, ouvert à sa brillante imagination, — il a échangé
le séjour paisible des muses de l'histoire et de
la philosophie, contre les tourmens de l'ambition, dont il s'est enivré, il a voulu parcourir
une région plus périlleuse, il s'est précipité
dans le labyrinthe de la politique; il a voulu
arriver au pouvoir, il en est descendu deux fois,
et s'est placé deux fois sous le jugement de la
nation et de l'histoire; mais avant d'arriver à
cette dernière époque de sa vie publique, nous
l'avons vu encenser l'idole placé sur l'autel de
la patrie, et porter le premier la main pour la
renverser; et puisque les circonstances se pré-
sentent, je placerai ici le fragment d'un discours
que j'ai recueilli, destiné pour sa réception à
l'Académie; on y trouvera la flexibilité de son
caractère, et cette malléabilité qui lui fait tout

entreprendre, et qui trouve son aliment dans les ressources de son imagination.

« Quel temps ai-je choisi, disait-il, pour par-
« ler de deuil et de funérailles? ne sommes-
« nous pas environnés de fêtes? Voyageur soli-
« taire, je méditais, il y a quelques jours sur les
« ruines des empires détruits, et je vois s'élever
« un nouvel empire; je quitte à peine des tom-
« beaux où dorment des nations ensevelies, et
« j'aperçois un berceau chargé des destinées de
« l'avenir... De toutes parts retentissent les accla-
« mations du soldat,.... César prépare son
« triomphe,... les peuples racontent ses mer-
« veilles,... les monumens élevés, les cités em-
« bellies, les frontières de la patrie baignées par
« les mers lointaines qui portèrent les vaisseaux
« de *Scipion*, et que ne vit point Germanicus...
« Tandis que le triomphateur s'avance entouré
« de ses légions,.... que feront les tranquilles en-
« fans des Muses? Ils marcheront à la suite du
« char, pour joindre l'olive de la paix aux pal-
« mes de la victoire, pour présenter au vain-
« queur la troupe sacrée des supplians, pour
« l'avertir qu'il est homme, pour mêler au récit
« des guerriers les touchantes images qui fai-

« saient pleurer *Paul-Émile*, sur les malheurs
« de Persée.

« Et vous, fille des Césars, sortez de votre
« palais avec votre fils dans vos bras, venez
« ajouter la grâce à la grandeur, venez attendrir
« la victoire, et tempérer l'éclat des armes, par
« la douce majesté d'une reine et d'une mère. »

Voilà le langage qui préparait, sur l'une de
nos places publiques, cette colonne d'orgueil et
de vanité, qui est devenue de nos jours l'objet
d'un culte séditieux et de tant de désordres et
de confusion, que la flatterie a renouvelé parmi
nous, en nous rappelant les anciennes apo-
théoses, où Rome idolâtre élevait au rang des
dieux (1) les princes; mais c'était après leur mort.
N'eût-il pas mieux rempli sa tâche d'orateur accrédité et d'homme libre dans ses goûts et dans
ses opinions, en éloignant du temple des Muses
et du séjour de l'indépendance littéraire, ce
nouveau genre d'adulation, dont son héros s'est
constamment enivré depuis qu'il s'était emparé
à main armée du pouvoir, et qu'un despotisme,

---

(1) Ce grand orateur devait connaître la réponse que fit Cal-
listhènes à Cléon qui voulait élever Alexandre au rang des dieux:
Quelquefois, lui dit-il, la divinité suit les morts, mais elle n'ac-
compagne jamais les vivans.

sans exemple parmi nous, en préparant la ser-
vitude de la nation, la réduisait au silence et
portait audacieusement une conflagration honteuse chez tous les peuples en présence de leurs
souverains.

Combien un orateur aussi distingué, et qui
multiplie aujourd'hui à l'excès les démonstra-
tions de son indépendance, combien, dis-je,
il se serait préparé pour l'avenir de jouissances
douces et plus durables, si, dans une circonstance aussi solennelle qui aurait fait époque
dans sa vie, au milieu d'une assemblée aussi
nombreuse, au milieu de tant d'hommes éclairés, il eût fait parler l'histoire de ces conquérans qui ont ravagé la terre et porté avec orgueil
la dévastation chez tant de peuples et dans tant
de différents climats? si, dis-je, il avait adressé
à son conquérant, dont il redoutait les caprices,
ce que les *Scythes* dirent à *Alexandre* qui portait la guerre dans leurs déserts sauvages : *im-
pone felicitati tuæ frenos, faciliùs illam reges.* Il
y a de certaines bornes, comme le dit Montesquieu, que la nature a données pour mortifier
l'ambition des hommes. Peut-être se serait-il arrêté au milieu de son insatiable ambition, et il
aurait épargné à l'humanité le désespoir, les lar-

mes et les regrets qui ne tariront jamais; ou
bien qu'il lui eût rappelé le tableau énergique et
vrai d'un orateur célèbre du dernier siècle, Mas-
sillon, qui ne craignit point d'en frapper les tendres organes du jeune prince destiné à gouverner la France, où il peint l'apparition d'un conquérant qu'il offre à nos souvenirs douloureux;
je le livre, Messieurs, à vos méditations.

« La gloire du conquérant, sire, sera toujours
« souillée de sang. Quelque insensé chantera
« peut-être ses victoires; mais les provinces, les
« villes et les campagnes en pleureront. On lui
« dressera des monumens superbes pour im-
« mortaliser ses conquêtes; mais les cendres en-
« core fumantes de tant de villes, autrefois flo-
« rissantes, mais la désolation de tant de cam-
« pagnes dépouillées de leur ancienne beauté,
« mais les ruines de tant de murs sous lesquelles
« tant de citoyens paisibles ont été ensevelis,
« mais tant de calamités qui subsisteront après
« lui seront des monumens lugubres qui im-
« mortaliseront sa vanité et sa folie. Il aura
« passé comme un torrent pour ravager la terre,
« et non comme un fleuve majestueux pour y
« porter la joie et l'abondance. Son nom sera
« écrit sur les annales de la postérité parmi les

« conquérans; mais il ne le sera pas parmi les
« bons rois, et on ne rappellera l'histoire de son
« règne que pour rappeler les souvenirs des
« maux qu'il aura faits aux hommes ; et s'il y a
« sur la terre un peuple capable de lui donner
« des éloges, il n'y a qu'à lui souhaiter un tel
« maître. »

Eh bien! Messieurs, faites-en l'application :
la France a eu le maître et ses conséquences. Il
a fait courber la nation sous le joug de son ambition et de sa volonté. Il l'a exploitée paisiblement pendant quinze ans à son profit et à celui
de sa nombreuse famille, à qui il avait distribué
plus de la moitié des trônes de l'Europe qu'il
avait renversés; et, à sa mort politique, n'a-t-il
pas légué, pour héritage aux ambitieux, l'a-
mour des conquêtes, les plans de domination
sur tout le globe, et toutes les dispositions guer-
rières qui enflamment une jeunesse ardente et
inexperte, dont le parti de l'opposition s'est
emparé pour pousser la nation à la guerre contre tous les souverains avec lesquels nous sommes en paix, et dont tant de libelles répandus
avec profusion sont un scandale honteux que
répudie la sagesse du gouvernement du roi.

Mais, Messieurs, je demande aujourd'hui à

ces émissaires qui nous ont été envoyés par le
comité directeur de la capitale, quelle est la puissance qui a inspiré aux mandataire du peuple le
devoir de pousser la nation à la guerre, de ne
faire entendre à la tribune que des cris de guerre
contre les souverains qui n'ont provoqué contre
nous aucun acte hostile, soit en Italie, soit dans
le nord de l'Allemagne. Nos frontières sont-elles
menacées? Le territoire de la France est-il envahi
quelque part par une infraction aux traités qui
sont la garantie de nos jouissances respectives?
Nos relations commerciales ont-elles été entra-
vées, pour en former un motif légitime de les faire
respecter à main armée? Quelles sont les insultes
qui ont été faites à des Français, sans que le gouvernement du roi ne se soit pas empressé d'en
obtenir une prompte et juste réparation? De-
vons-nous sacrifier encore quelques millions
d'hommes et les restes de nos ressources, épui-
sées par l'ambition et les désastres prolongés du
dernier conquérant, qui a retenu pendant quinze
ans la France sous les armes, et exploité à plaisir
l'élite de la population? Que veulent donc les
déclamations proférées à la tribune par un illustre général, dont nous ne connaissons aucun
fait d'armes en France, et qui n'a appris que par

les feuilles publiques la gloire de nos armées, et
qui crie cependant à tue-tête qu'il veut être le
premier grenadier de la garde nationale de la
Pologne, à qui il faut porter du secours, en dé-
clarant même au besoin la guerre à toute l'Europe, pour rendre à cette nation ses droits et
son indépendance, en reconnaissant sa natio-
nalité. Je livre cet objet politique et national à
la méditation de ce général des deux mondes,
qui fait briller dans ses doigts, avec tant de grâce,
la *boule* noire qu'il met dans *l'urne*, lorsqu'il
vote contre le ministère, et nous l'engageons à
méditer le trente-quatrième chapitre de l'Administration des Finances, de son ami M. *Necker*.
Je le livre aussi à la méditation de ses compa-
gnons d'armes de la chambre, et à celle de ces
nobles orateurs, si distingués par leur politesse
et les convenances de leurs discours parlementaires. Je n'oublie pas surtout les Tra.., les Odi..,
les Maug..., les Jol...., et tant d'autres orateurs, si
grands par leurs lumières et leur patriotisme, se
disputant tour-à-tour les palmes de l'opposition.

Ah! que j'étais impatient, Messieurs, de trai-
ter ce sujet, *la guerre!* Que mon cœur avait
besoin de se répandre sur les maux attachés à
cette effrayante calamité qui impose silence à

toute ambition. Oui, c'est la guerre qui arrête le
cours des projets salutaires qu'il faut abandon-
der. C'est la guerre qui vient dessécher les sources
de la prospérité, qui est le fruit de la vigilance
et de la sollicitude constante des gouvernemens.
C'est la guerre qui détruit le bonheur des nations; c'est elle qui suspend quelquefois jusqu'aux idées de justice et d'humanité. C'est la
guerre enfin, qui substitue à tous les sentimens
doux et bienfaisans, l'inimitié, les haines, les
rivalités, le besoin d'oppresser et l'ardeur de
détruire. Répondez, orateurs de la tribune.

Voici ce que M. Necker, ministre, adressait
au roi Louis XVI. « La guerre, sire, est une
« source de tant de maux, c'est un fléau si ter-
« rible, qu'un prince sensible et clairvoyant ne
« doit jamais l'entreprendre sans les motifs les
« plus évidens de justice. C'est au plus grand
« monarque de l'univers à donner l'exemple de
« cette morale des rois, qui assure le bonheur
« de l'humanité et le repos du peuple. »

L'entendez-vous, général des deux mondes, le
discours de votre ami, qui, du haut de sa tribune administrative, donne des conseils salutaires à l'humanité bien connue de Louis XVI,
et aux intérêts du peuple? Que ne dirait-il pas

aujourd'hui, s'il vivait encore, à ces misérables insensés, à ces enfans perdus de la révolution et des désordres qui animent les peuples dans cette lutte sanglante? Il leur dirait : Vous êtes nés du sein de toutes les calamités qui désolent la France depuis long-temps. Vous êtes des hommes qui calculez la misère publique, pour savoir le profit que vous en pouvez tirer pour satisfaire vos passions. Vous ne méritez aucune fortune, et l'ambition doit vous être étrangère;.... elle n'appartient qu'à une honorable conduite..... Elle est la récompense de la vertu et des services rendus à la patrie.... Montrez-nous ce que vous avez fait pour la mériter..... Vous ne ressemblez qu'à ces *météores* qui ne laissent après eux que l'infection et l'opprobre. Est-ce que vous n'êtes pas las de révolutions et d'émeutes? Est-ce que vous n'êtes pas encore fatigués du poids des crimes qui pèsent sur vos consciences, si vous en avez? Ne savez-vous pas ce que coûtent à la France les émeutes et les révolutions?

Avez-vous oublié ce qu'a produit parmi nous la première révolution, qui est la source de celles qui se perpétuent encore? Avez-vous oublié la perte de nos riches et belles colonies de l'Amérique, qui faisaient partie des possessions de l'é-

tat...? Avez-vous oublié que plus de cent vingt
millions de produits arrivaient tous les ans en
France pour alimenter l'activité de l'industrie et
la prospérité de nos villes maritimes, et se répan-
daient ensuite comme un fleuve majestueux
dans toutes les provinces et les villes du royaume
pour y porter l'abondance et y satisfaire tous
les besoins?

Qu'avons-nous retiré de cette première et
honteuse insurrection, de cette offense faite à
la patrie, qui a coûté tant de sang et tant de
larmes en dévorant tant d'immenses et belles
propriétés, qui ne laissent à leur suite qu'une
série de crimes qui ont brisé pour jamais toutes
les barrières qui les contenaient dans le devoir...?
Qu'avons-nous retiré de toutes les spoliations
qui ont pesé sur tous les rangs de la société, et
qu'il a été même impossible au grand conquérant, malgré la gloire de ses succès, de pouvoir
réparer?

Parlez, factieux : voulez-vous encore ensan-
glanter le sol de la France, et l'exposer à voir
quelqu'une de nos provinces passer sous une domination étrangère?

Je m'arrête devant le faisceau des calamités
que nous préparerait encore un système de

guerre contre toute l'Europe, dont les cris et les provocations se sont renouvelés si souvent à la tribune et dans les feuilles de l'opposition qui empoisonnent chaque jour la société, et la trompent sur ses véritables intérêts.

Mais je m'arrête, rassurez-vous, Messieurs; le roi ne cèdera ni à de vaines inquiétudes, ni à des espérances confuses; les menaces n'ébranleront pas ses sages résolutions de maintenir la paix avec toutes les puissances, lorsque la gloire et les intérêts de la France ne se trouveront point engagés à changer les principes de modération et de vérité qu'il s'est imposés..... Il sait que les peuples respirent à peine après quarante années d'agitation et de guerres. Il sait que la vie et la fortune de ses sujets sont un dépôt sacré dont il est responsable aux yeux de la nature et de la morale..... Il reculerait d'horreur si on lui présentait à signer l'arrêt de mort de tant d'hommes qu'il faudrait enlever au commerce, aux arts, à l'industrie, à la culture des champs, si les rêves de nos utopistes étaient adoptés. Le roi, sage dans son administration, modéré par caractère dans l'ambition de ne régner qu'avec justice, ne sortira point des règles qu'il s'est prescrites, et qu'il a hautement manifestées.

La constitution lui donne des droits, et il n'en oubliera pas l'usage, quand cet oubli aura pour résultat de satisfaire des passions aveugles... Ils sont les attributs de sa puissance consacrée par la loi de l'état. Il ne s'étonnera point de ces voix tonnantes des orateurs qui appellent l'émeute à leur secours.... En un mot, il sera fort et juste, et tout échafaudage, bâti par les anarchistes, s'écroulera renversé par son souffle puissant.

Sans revenir sur l'intérêt qu'inspirent les malheurs de la Pologne, nous déclarons hautement qu'elle est l'objet de notre affliction et de notre sympathie. Nous l'avons vue, cette nation, lutter et supporter avec courage tous les revers, et toutes les calamités qui pèsent sur elle.... Nous l'avons vue aussi dans les rangs de notre armée, lorsque celui qui voulait, dans ses gigantesques conceptions, conquérir l'univers, et asservir tous les souverains à ses volontés, en changeant toutes les dynasties, et faire courber sous son joug toutes les populations.

Mais notre général, qui s'est créé l'orateur politique des destinées de la Pologne, a-t-il oublié que les mêmes hommes valeureux, entraînés par des circonstances auxquelles ils furent obligés de céder, faisaient aussi partie de l'armée de tous les souverains, qui sont venus à travers toutes les incertitudes qu'offraient à la politique les chances de la guerre et de la victoire, à la suite de cette *traînée* de sang qui commençait à *Moscou*, et qui est venu se perdre sous les murs de la capitale.

Que ce général et ses amis répondent à la tribune en face de la France, si j'en impose à la vérité; oui, sans doute, les Polonais s'immortalisent aujourd'hui par leur courage; la postérité les honorera de son suffrage et de ses éloges;... mais ils conviendront peut-être au milieu des désastres dont ils sont environnés, et d'une expatriation dont ils gémiront long-temps, qu'il eût mieux valu attendre du temps et d'une négociation suivie les succès de leurs espérances, pour le rétablissement des institutions promises, qui, quoique retardées par des événemens qui occupaient depuis long-temps la cour de Saint-Pétersbourg, se seraient sûrement réalisées par l'intervention du roi des Français, qui a fait entendre tout l'intérêt qu'il portait à la nation polonaise.

Qu'ils cessent donc, ces factieux imprudens et audacieux, qu'ils cessent, ces tribuns du peuple, dont ils animent sans cesse les passions pour jeter l'alarme dans la société, qu'ils cessent leurs déclamations tribunitiennes, mal conçues et inopportunes contre la politique sévère des mandataires de l'autorité du roi, dont ils devraient être les auxiliaires plutôt que les détracteurs. Le temps des illusions est passé; que ces orateurs de l'opposition en appellent à l'opinion publique : les ministres du roi ne craignent point les émeutes que ces orateurs savent si bien organiser; rien donc ne fera changer le systême du gouvernement. Il veut la paix. La France en a besoin, elle est dans les maximes et dans le cœur du roi.... Il n'est point de sacrifice qu'il ne soit disposé à faire pour éloigner de nous le fléau de la guerre, qui ne profiterait qu'aux hurlemens de ces hommes qui sont à la solde des factieux, qui ne respirent que le sang et le pillage, qu'ils font retentir jusqu'aux portes du palais du roi....

Mais, Messieurs, une chose remarquable qui ne vous échappera pas, c'est que ce même général si philantrope, qui combat depuis si longtemps pour fixer sur lui la renommée, qui sait comment s'organisent les séditions populaires, et comment on les fait taire, n'ait pas indiqué aux ministres responsables les moyens qu'il employa au Champ-de-Mars, lorsqu'entouré de sa gloire, et de toute la puissance qu'il s'était donnée lui-même, et chargé de la tranquillité de la capitale, il ne balança pas de faire proclamer la *loi martiale*, de faire arborer le *drapeau rouge*, et de faire fusiller le bon peuple, qui devient aujourd'hui l'auxiliaire de ses opinions politiques, et l'instrument de toutes les séditions. Le général aurait alors bien mérité de la patrie.

Une chose également remarquable pour l'histoire du temps, c'est qu'aucun des orateurs de la tribune, qui y vocifèrent si longuement contre les mesures que prend le gouvernement pour rétablir le calme dans la capitale et dans la Vendée, aucun n'a montré aucun regret, ni dit un mot consolant sur les maux que causent au commerce, à l'industrie, à la paix domestique et à notre considération extérieure, ces agitations hostiles et cette confusion coupable sous le voile de la popularité et de l'ambition; pas une de leurs feuilles n'a cherché à apaiser cette effervescence, destinée à alimenter, par leurs écrits, l'imagination insensée de cette jeunesse, qui se précipite dans le désordre sans prévoir les conséquences qui les atteindront incessamment.

Vous venez, messieurs, d'assister à une séance aussi extraordinaire qu'elle était inattendue; le concours des citoyens qui s'y sont réunis, et le calme qu'ils y ont apporté, vous en ont démontré l'importance; vous avez entendu avec quel courage et avec quelle permanence les factieux exploitent les Français et leur aveugle crédulité, pour perpétuer les maximes révolutionnaires, qui sont devenues le domaine des ambitieux, et le but de tous les crimes qu'ils combinent avec le renversement de nos institutions.

Vous avez vu que M. Cormenin a exploré le cercle de toutes les connaissances humaines, qu'il en présente tous les jours le tableau avec une sollicitude admirable, et s'il a cru vaincre tous les préjugés, s'il a imprudemment soulevé toutes les passions par son *vote universel*, il n'entravera point la marche du gouvernement, ni la soumission du peuple.

Rentrons dans son système après la longue excursion qui m'en a éloigné.

Vous venez d'entendre, Messieurs, les missionnaires propagateurs du comité-directeur, qui ont établi devant vous les hautes conceptions de ce législateur; ils se sont entourés du concours approbatif des feuilles périodiques à la solde de l'opposition pour être notre *ancre de salut* : marchons donc.

J'ai cru, Messieurs, devoir vous soumettre des réflexions puisées dans l'intérêt commun de la patrie, vous leur avez accordé une attention toute bienveillante; et puisque nous sommes si avancés dans cette nouvelle carrière, marchons, le code de M. Cormenin à la main.

La capitale de la Normandie donnera le premier exemple de son abandon et de sa confiance dans les pénibles recherches qui occupent les veilles du sieur Cormenin et de ses amis, et surtout de la Gazette depuis deux années. Proclamons-les dans toutes les communes;... sortons de notre assoupissement et de notre esclavage. Nous verrons, n'en doutons pas, reparaître les royaumes de *Navarre*, de *Metz*, de *Soissons*, de *Bourges*, les ducs de *Bretagne*, de *Bourgogne*, etc.; la France reprendra une nouvelle vie politique; nous ferons des alliances qui nous garantiront notre indépendance.

En attendant que nous ayons décrété souverainement et régulièrement le gouvernement politique qui convient à notre province, et à notre position,... je vous propose de rappeler les députés de nos départemens; ils n'ont plus de pouvoir légal pour délibérer sur nos intérêts.

Nous nous occuperons ensuite de former une chambre composée de toutes les classes de la société, tous les citoyens y ont un droit égal, conformément au systême pour établir les impôts, pour défendre notre association naissante, pour organiser une armée bien équipée, pour établir les gages d'une magistrature respectable, pour pourvoir aux frais d'une administration légale, conforme à la législation de M. Cormenin.

Enfin nous allons créer une *ère* nouvelle, qui sera l'ouvrage de la souveraineté dont M. Cormenin nous a tracé tous les avantages.... Il se charge du reste....

Je me charge de lui faire parvenir vos désirs sans retard par le télégraphe, en attendant qu'une députation, que vous nommerez, lui soit adressée.

L'assemblée approuve unanimement cette mesure au milieu des *bravos*.

En attendant qu'une seconde assemblée nous réunisse, je pense qu'il est nécessaire de retenir en sûreté, parmi nous, les émissaires qui sont l'objet de cette réunion.

DISCOURS DU VIEILLARD.

SECONDE ASSEMBLÉE.

Voici, Messieurs, la seconde assemblée que vous avez indiquée pour procéder à notre pacte social et politique. Elle a été régulièrement annoncée, et je vois avec plaisir l'empressement que tous les citoyens de cette ville ont mis à s'y rendre; j'ai à vous remercier aussi de l'attention bienveillante que vous avez accordée à une inspiration à laquelle je n'étais pas préparé.

Les intérêts les plus graves, Messieurs, pour notre province, sont confiés à notre sollicitude, et à notre sévère détermination. Ils ont pris naissance dans le système de M. Cormenin, qu'il a hautement proclamé, qu'il a fait répandre à grands frais, et avec profusion dans toute la France : toutes les populations sont attentives pour en connaître les résultats.

Le développement en a été présenté devant vous, à la dernière assemblée, par les émissaires du comité-directeur de la capitale, armés de toute la puissance de ces amis du peuple, qui président depuis si long-temps aux destinées de notre patrie.

Vous en avez adopté le principe et le but; nous devons en méditer sérieusement les conséquences. Ecoutez.

Vous avez appelé, Messieurs, à votre secours le fondateur de cette nouvelle et noble théorie.

Vous avez désigné le président du comité constituant. J'ai été le premier à applaudir à cette sage et utile détermination, elle honore votre sagesse.

Voici la marche que j'ai cru devoir suivre pour remplir vos dispositions : j'ai envoyé une députation à ce législateur, élevé d'une manière si distinguée dans l'opinion publique et dans la sagesse des lumières politiques.

J'ai cru devoir le faire prier de se rendre aujourd'hui au milieu de nous. Son patriotisme brûlant et éclairé s'est rendu à nos pressantes sollicitations : les émeutes populaires ayant cessé dans la capitale, il est incontinent parti : il est devant vous, je pense qu'il doit être accueilli avec toute la solennité qu'il doit recevoir des hautes destinées que son système nous prépare.

Messieurs, la scène va changer, ce n'est plus

de ma correspondance avec ce grand législateur, sur son vote universel, dont j'ai à vous entretenir, c'est devant lui-même que je crois important de lui rappeler les erreurs dont les prestiges de l'ambition ont entouré sa jeunesse.

Je vous demanderai la permission de lui faire une question, dans la position embarrassante où il nous place aujourd'hui.

Je lui demanderai pourquoi il ne nous a pas défini les prérogatives du gouvernement populaire, pour nous servir de guide dans les délibérations qui sont l'objet de notre seconde réunion.

Je l'avouerai, Messieurs, que dans toutes les recherches historiques dont je me suis occupé, chez les peuples les moins civilisés de l'univers connu, soit dans les déserts sauvages de l'Afrique, à Tombouctou, à Dahmé, à Maroc, à Bornou, au Fezzan, etc., et nulle part, je n'ai pu trouver l'existence d'un gouvernement populaire en action; car, vous le savez, l'état populaire est celui où le peuple exerce en corps sa puissance souveraine; le seul exemple qu'il puisse nous proposer est celui de *San-Marin* en Italie. M. Cormenin nous éclairera sur ce point essentiel.

M. Cormenin s'avance avec une gravité imposante vers la tribune aux harangues, les émissai-

res le suivent, l'assemblée applaudit à la modes-
tie de son noble maintien, un siége lui est préparé; il est entouré des émissaires du comité directeur.

Mais, Messieurs, avant d'entendre le développement de son système, et avant de nous enga-
ger dans une carrière nouvelle, et peut-être per-
nicieuse, que nous allons parcourir, j'ai pensé
que vous approuveriez que je vous présente
l'analyse et les effets de quelques révolutions,
dont l'histoire a conservé le souvenir pour notre
instruction : il nous fera part de ses réflexions.

Je n'ai voulu puiser dans l'histoire ancienne
qu'un seul des exemples utiles qui se sont
multipliés pendant des siècles. Ce serait abuser
de votre attention.

Vous savez, Messieurs, tout ce qu'éprouva
Anacharsis, lorsqu'à son retour dans sa patrie il
voulut y introduire les dieux, les lois de la
Grèce; il eut le sort qu'ont éprouvé et qu'éprou-
veront toujours ces philosophes modernes, qui
veulent, par de nouvelles maximes, s'élever
obstinément contre les lois, contre les gouvernemens établis, et contre la religion. En portant
la main sur les pratiques religieuses, pour
tourner en ridicule le culte de nos pères, qui ne

peut pas s'allier avec leur philosophie politique ;
qu'ils se rappellent ce qui arriva aussi à *Socrate*
le plus sage des sages de la Grèce.

Je m'arrête à ces seuls exemples déjà si loin
de nous, et je reviens à l'histoire de notre patrie.

J'ai médité, Messieurs, sur le choix des pouvoirs qui ont entraîné la France dans des crises
périlleuses, lorsque la masse des peuples y a
pris part : j'ai consulté les monumens de l'histoire moderne, j'ai été effrayé du souvenir qu'ils
ont laissé parmi nous.

Faisons donc parler l'histoire pour nous éclair-
rer et pour étudier l'avenir, c'est là où les législateurs doivent porter des regards sérieux, et
leurs sévères réflexions.

J'appelle l'attention de l'assemblée ; M. Cormenin en profitera, et sa haute sagesse s'agrandira avec sa gloire, qui devient aujourd'hui son
domaine privé. L'histoire est, comme le dit l'o-
rateur romain, la lumière de la vérité, *lux veri-
tatis*, la vie de la mémoire, *vita memoriæ*, la ré-
vélation enfin des actions humaines, le témoin
de tous les âges. Je cherche les faits pour notre
instruction. Ecoutez, M. Cormenin est attentif
et pensif.

Rappelez-vous ce qu'ont produit, dans les siè-

cles derniers, les débordemens des passions humaines, dont les peuples furent les instrumens
et ensuite les victimes.

Rappelez-vous, et frémissez de toutes les cruautés dont la capitale de la France fut le théâtre,
lorsque des rivaux d'ambition se disputèrent
le pouvoir sous le malheureux Charles VI, sous
ce prince trompé dans ses espérances, et dans
ses conseils.

Rappelez-vous la conduite de ce duc de Bourgogne, chargé de l'exécration publique et de
celle de la postérité, occupé à ne faire que des
victimes, de ceux qui n'étaient pas de son parti,
dans la rébellion contre le trône. Rappelez-vous
de combien de victimes il peupla les prisons de
la capitale : plus de six cents malheureux, de
tous les états, y périrent... Il excitait sous main
un massacre général... Le peuple se livra à la
plus barbare cruauté... Le pillage, dit un historien, fut le moindre des excès de sa fureur... Il
assommait les vieillards, les femmes, les enfans
de ceux qui lui étaient désignés... Il enfonça les
portes des prisons de la Conciergerie pour en
arracher ceux qu'il y avait enfermés... La cour du
palais regorgea du sang des plus nobles bour-
geois de la capitale... Six évêques furent massa-

crés... Le *connétable d'Armagnac*, le *chancelier Lemarle*, la plupart des présidens à mortier, les conseillers, les maîtres des requêtes, qui s'étaient montrés les ennemis de la perfidie du duc de Bourgogne , éprouvèrent le même sort... Le peuple furieux, ainsi excité au crime par les promesses dont il était l'instrument, court aux prisons du *Châtelet*, et voyant que les victimes qu'il y cherchait s'étaient réfugiées dans les cachots y mirent le feu, et tous y furent dévorés par les flammes.

Tel fut le sort du *connétable d'Armagnac* et du *chancelier Lemarle*, que leurs têtes furent traînées dans les rues de la capitale, et jetées ensuite à la voirie.

Voilà, Messieurs, ce que peut une populace poussée à commettre tous les crimes : le souvenir ne s'en effacera jamais de notre mémoire, et notre imagination en sera sans cesse effrayée.

Si M. Cormenin et ses amis eussent consulté ces tristes et funestes événemens , ils auraient laissé les peuples sous l'obéissance des lois, et ils auraient prudemment jugé que *l'insurrection n'était pas le plus saint des devoirs*.

Le tableau que je viens de vous exposer, Messieurs, sur de tristes et funèbres souvenirs, est déjà loin de nous, ils ne laissent après eux que l'infection et l'opprobre. Cependant l'historien en doit compte pour l'instruction du peuple lui-même.

Rapprochons aujourd'hui de nous, Messieurs, et rappelons à nos douloureux souvenirs les jours de sang et de crimes, ces jours excités par les écrivains séditieux, par ces pamphlétaires déhontés, qui soulevèrent les passions des peuples, dès l'aurore de notre révolution ; rappelons ces jours que le chancelier de *L'Hospital* aurait frappé *d'anathème*, et se serait écrié avec nous : *Pereant illæ dies.*

Méditons dans le recueillement de nos pensées ce que les écrivains d'aujourd'hui, le National, la Tribune, et tant d'autres que ma plume refuse de nommer, qui ne vivent que d'ordures qu'ils répandent chaque jour, pour en perpétuer l'infection dans la société ; lisez leurs écrits incendiaires, flétris par le bon sens et par la raison ; voyez-les pousser le peuple à briser toutes les barrières, menaçant tous les pouvoirs, jetant l'épouvante et la terreur dans le sanctuaire des lois, injuriant ses organes, intimidant leur conscience, faisant perdre à tous le respect qui est la sécurité de la société, attaquant chaque jour la prérogative royale, insultant à la majesté

du trône, à la personne du prince , et à celle
de son auguste famille, et courant après des
applaudissemens qui deviennent l'encouragement et la récompense de leur audace.

Mais, Messieurs, ce que nous aurions de la peine
à concevoir , si nous n'en étions les témoins ,
c'est de voir que des orateurs de la chambre
élective ont oublié la belle maxime de l'orateur
romain, qui définit l'orateur : *vir probus dicendi
peritus ,* venir se montrer dans le sanctuaire des
lois, les défenseurs et les protecteurs obligés ,
ainsi que les auxiliaires et le bouclier de ces
écrivains mercenaires, pour justifier les expres-
sions de la licence la plus effrénée, celles de la
plus basse calomnie, et ces discours , et ces car-
ricatures degoûtantes et honteuses qui prêchent
chaque jour la révolte, contre l'ordre public,
contre le gouvernement du *roi,* et contre le roi lui-
même... A aucune époque de notre histoire la
France n'a jamais présenté un tel scandale,... les
mœurs nationales en repoussent l'outrage , et livrent au mépris des nations les auteurs de
telles maximes , elles ne deviendront jamais la
règle et les maximes des peuples civilisés.

C'est ainsi que commença l'aurore de notre
révolution qui donnait tant d'espérance aux

amis de la patrie, sous le règne paternel du meilleur des souverains.

Rappelons-leur aussi le spectacle horrible du 2 septembre dans les prisons de la capitale, où furent égorgées paisiblement, pendant six jours, tant de victimes par une poignée de bourreaux, et par l'ordre de ceux qui gouvernaient la capitale. Plusieurs évêques, plusieurs hommes illustres de tous les rangs et de tous les âges servirent de pâture à la plus barbare férocité. Leurs cris expirans retentissaient partout, et appelaient inutilement la pitié et l'intérêt des passans; on eût dit que le carnage assouvi réchauffait le carnage.

Rien ne fut épargné, ni l'âge, ni le sexe, ni les vertus, ni les services rendus à la patrie; et à la même époque les malheureux prisonniers enfermés dans les prisons d'Orléans furent conduits à Versailles pour être égorgés dans les places publiques, et pour donner ensuite, dans les tavernes de cette ville, un nouveau spectacle de l'horrible festin d'*Atrée*.... (1) Vous partagerez mon indignation en apprenant que, ni le si-

(1) Si le pâtissier de la place Dauphine vivait encore, il dirait ce qu'il fut forcé de faire pour satisfaire à la cruauté des cannibales qui avaient égorgé les prisonniers sur la place publique.

lence effrayant de la mort, ni les cris de la douleur des victimes expirantes, ne purent se faire
entendre de la pitié des habitans armés de cette
ville, pour faire cesser le carnage.

Je continue le récit dégoûtant de tant de
cruautés, et je ne crains pas d'abuser de votre
attention. Je m'estime heureux de voir M. Cormenin parmi nous, il entendra ce que produi-
sent les auteurs des émeutes populaires, les
écrits incendiaires, et l'horreur que nous y at-
tachons.

Ici, monsieur, la scène change, les émeutes
populaires ont posé les armes un instant, elles
ont bien mérité de la patrie, ses récompenses
leur ont été distribuées. Une émeute d'un ordre
plus élevé s'organisa au sein de l'assemblée des
représentans de la nation (la Convention). Elle
aiguisa ses poignards, elle prit les armes, elle
attaqua sans ménagement les hommes, les villes,
les bourgs, les provinces; elle proclama partout
la guerre civile, et dressa des échafauds sur les
places publiques... la terreur fut à l'ordre du
jour dans toute la France... Paris passa sous
le joug de la Convention, qui gouverna par ses
comités.

Soixante victimes sont immolées par jour sur la place publique par la main du bourreau, et le spectacle se prolongea pour l'agrément du peuple, jusqu'à ce qu'il n'y ait plus dans les prisons de têtes à offrir au glaive du bourreau, pour battre monnaie sur la place de la révolution, selon l'expression d'un orateur; leurs dépouilles, à bon droit, appartient au bourreau.

Qu'elle apprenne, cette jeunesse insensée qui est devant vous, qu'elle apprenne les calamités qui ont pesé au même instant sur tous les points de la France.

Pendant ces jours de deuil et d'effroi.... que le législateur qui est devant vous, en posture de pénitent, regardant la terre où doivent s'ensevelir toutes les espèces de renommée mal acquise, qui passeront comme des météores, et dont il ne restera que des souvenirs amers; qu'il s'instruise de ce qui s'est passé à Lyon, dans cette ville si florissante par tous les genres de commerce, si précieuse par ses arts, par son industrie qui la rendait la correspondante avec tous les peuples de l'univers.... Les événemens y sont remarquables pour l'histoire.... Ce n'est plus le peuple qui est en action, il a remis sa

souveraineté en d'autres mains.... (1) Une dé-
charge d'artillerie mitraille, sous les ordres des
proconsuls, les hommes et les propriétés, on
eût dit que *c'était le dernier jour de la nature
entière*..

Vous verrez, Messieurs, ce que produisit cette
première offense faite à la nature et à la morale;...
les places publiques ne furent plus dans un instant que de vastes tombeaux, ou une immense voirie; les monumens les plus respectables de cette antique cité n'ont offert pendant
long-temps, qu'une ville solitaire ensevelie sous
ses ruines, perdant même jusqu'à son nom,
que tant de siècles avaient consacré, et converti
en *Ville-Affranchie*. Vous n'avez pas oublié ce
qui vient de s'y renouveler, encore, par les insi-
nuations perfides des correspondances coupables qui ont soulevé la populace et réduit des
propriétaires, des manufacturiers honorables,
à une ruine complète pour long-temps, je fré-
mis d'en renouveler le souvenir.

Rappelez-vous encore ce qui se passa à *Toulon*
dans les jours nébuleux... on y fusille également,
et des millions de victimes de tous les âges y

_____

(1) Ses commis-voyageurs ont cherché à renouveler dans
certains départemens ces scènes d'horreurs.

périssent au bruit du canon.... On se souvient
encore de ces proconsuls et du commandant
d'artillerie, qui y ont laissé, après eux, une si
vaste renommée.

A Marseille, à Brest, à Rochefort, la mort s'y
montra avec les mêmes instrumens et avec le
même appareil.... A Nantes, et sur les bords de
la Loire, on y vit de nouveaux raffinemens
de barbarie et de cruauté, où s'exerçait la rage
des proconsuls, dont la mission était d'égorger,
et d'égorger sans pitié les victimes.... Partout ri-
valisaient les inventions nouvelles pour accélé-
rer le supplice de l'innocence. Les rivages autrefois si rians, où retentissaient des cris de
bonheur et de paix, n'ont offert pendant
long-temps, à l'œil épouvanté, qu'un horrible
spectacle de deuil, de misère et de désespoir (1).

Mais, Messieurs, ce ne fut pas là seulement
que fut livré à l'humanité un combat impie

(1) Qu'on ne vienne pas nous faire un crime de ne tracer que
des horreurs commises, de ne présenter que des tableaux hideux
qui épouvantent et dégradent la nature, ils appartiennent au domaine de l'histoire. Qu'on ne vienne donc plus enivrer le peuple
en l'excitant chaque jour au crime, à tous les genres de désordres,
en lui préparant des espérances qui ne se réaliseront jamais.

et sacrilége; on vit, en même temps, dans toute la France, la discorde et la délation secouant leurs flambeaux, par la présence des proconsuls, et attachant, sur toutes les familles, les crêpes de la mort... Partout les formes de la justice étaient méconnues, et sa statue renversée, couverte d'un voile sanglant; partout les sanctuaires étaient profanés, les tombeaux des morts audacieusement violés, et leurs cendres dispersées avec impunité (1);... partout les temples de la religion travestis en arênes scandaleuses, où se dressaient les tables des plus horribles proscriptions, et où les pratiques de la religion devenaient l'acte d'accusation de la piété et de la vertu;... partout les ministres de la religion persécutés et assassinés; partout, enfin, des bourreaux et des victimes...

Je pourrais, Messieurs, joindre à cette série de crimes les victimes incalculables dont la province de Normandie conservera long-temps le souvenir, aussi triste que déplorable. — Ce serait renouveler une douleur inutile, qui ne porterait aucune consolation dans nos cœurs. Car il n'est

(1) Il faut se rappeler ce qui se passa dans le caveau de Saint-Denis, et, de nos jours, dans l'église de Saint-Germain-l'Auxerrois. L'histoire ne l'oubliera pas.

personne, dans cette assemblée, qui n'ait quelque parent ou quelque ami dont la vie ou l'héritage n'ait été la proie du crime.

Rappelons - nous l'antique magistrature de cette province, dont l'origine était presque liée à l'éclat de la monarchie. Elle a disparu avec tant de noms illustres dont la France s'honorait... La terreur frappait tous ceux qui devaient servir de pâture à la vengeance et à la cupidité. L'instrument de mort était en permanence sur toutes les places publiques.

Quels doivent être les remords de ceux qui ont présidé et ordonné ces scènes sanglantes, s'ils ont survécu à tant de crimes! Il n'a pas lu, le pauvre *Cormenin,* le conseil que *Rousseau* donnait aux *Polonais*, qui le consultaient sur leur affranchissement : quelle fut sa réponse? *Si une révolution doit coûter une goutte de sang, il faut y renoncer.*

Je termine ce funèbre tableau par les paroles solennelles qui sortirent de la bouche de l'immortel *Montesquieu,* pour peindre les vicissitudes de la grandeur et de la décadence de cette république célèbre qui a occupé, pendant tant de siècles, la plume de l'histoire, et qu'on voudrait encore renouveler parmi nous. — Faites-

en l'application à la pensée de nos modernes
législateurs républicains.

« Rapprochons de nous, dit *Montesquieu*,
« ces temps horribles de la capitale du monde,
« ces temps où tant de souvenirs cruels occu-
« pent la renommée, et se placent sans cesse
« devant nos yeux pour notre instruction....
« Nous y voyons tant de guerres entreprises,
« tant de sang répandu, tant de peuples détruits,
« tant de grandes actions, tant de triomphes,
« tant de politique, de sagesse, de pruden-
« ce, de constance, de courage, tant de
« crimes multipliés impunément.... Le projet
« d'envahir l'univers, si bien formé, si bien sou-
« tenu,... à quoi aboutit-il? A assouvir le bon-
« heur passager, les désordres, l'avidité, enfin
« toutes les passions de quelques monstres pla-
« cés au premier degré de la tyrannie... Quoi!
« le sénat, continue *Montesquieu*, n'avait fait
« disparaître tant de rois, que pour tomber lui-
« même dans le plus bas esclavage de quelques-
« uns de ses plus indignes citoyens, et s'exter-
« miner ensuite par ses propres arrêts!... On
« n'élève donc sa puissance, que pour la voir
« mieux renversée!... les hommes ne travaillent
« donc à augmenter leur pouvoir, par l'exercice

« de la plus cruelle tyrannie, que pour le voir
« tomber, contre eux, dans de plus heureuses
« mains!!! »

Ainsi, Messieurs, la Convention nationale,
parvenue à ce période de tant d'horribles for-
faits, la société de ces monstres, le pacte juré
sur tant de cadavres, devait enfin toucher à sa
dissolution, nous rappeler toutes les vicissitudes
humaines, et laisser la France comme une vaste
prison habitée par la terreur et les regrets; présenter cet autre spectacle à l'univers, celui de
voir les tigres se dévorer entre eux, et faire
enfin cesser les cris du désespoir, les plaintes
de la douleur et les gémissemens de tant d'in-
fortunés aux prises avec leurs bourreaux.

Oui, Messieurs, telle était la situation de la
république, au milieu de ses prospérités et de
sa grandeur, au milieu des triomphes et de la
terreur générale :... victorieuse de ses ennemis,
et tyrannisée par ses propres citoyens;... la fa-
mine pressant également le peuple des villes et
des campagnes;....... tous manquant, en même
temps, des premiers besoins de la vie, par l'horrible avidité et l'impéritie de ceux qui s'étaient
emparé du pouvoir;... et, cependant, elle faisait
fuir et dispersait les armées étrangères,... elle

était noyée dans son propre sang, elle donnait des lois à tous les peuples, en proclamant la liberté universelle; et elle ne pouvait maintenir et faire exécuter les siennes, qui changeaient selon les caprices des tyrans qui l'opprimaient; c'était de ses prospérités mêmes, que devaient naître les maux qui devaient successivement l'accabler...

Telle, vous le savez, a été la destinée d'un très-grand nombre de Français, chassés de leurs habitations, qui ont été confisquées au profit de la république, et que l'avidité n'a pas laissé échapper.

Voilà, Messieurs, quels peuvent être les fruits de ces assemblées que provoquerait le système du vote universel du sieur Cormenin et de ses auxiliaires du crime, dans quelque rang qu'ils se trouvent placés. — Qu'ils nous disent qui pourrait l'empêcher, et quelles lois on pourrait invoquer!

Mais, Messieurs, ils ne l'obtiendront point de la sagesse du gouvernement, ni de la saine partie de la chambre élective, ni de celle de la chambre héréditaire, chargées des destinées de notre avenir; ni de la France elle-même, désabusée des nouvelles expériences constitutionnelles qu'on lui présente, chaque jour, comme une espérance de son bonheur.

Maintenant, Messieurs, que ferez-vous de ces émissaires du comité-directeur, qui sont venus organiser parmi nous un système d'insurrection, dont M. Cormenin est le père et le régulateur? Quel jugement allez-vous porter? Ils sont à votre disposition... Serez-vous généreux à leur égard? ou frapperez-vous, d'une juste sévérité, des hommes qui sont venus nous présenter des maximes aussi scandaleuses, pour troubler nos consciences, et mettre en péril la chose publique, en abusant aussi audacieusement de la liberté de la presse?

Et nous aussi, nous voulons la liberté de la presse; mais nous ne voulons point cette liberté qui prêche les conjurations, les émeutes et la révolte contre le souverain.

Nous voulons la liberté de la presse; mais telle qu'elle convient à des peuples civilisés, et que la loi proclame.....

Mais cette liberté qui existe, est-elle la liberté des lois, qui est la seule que nous pouvons réclamer?

Nous voulons la liberté de la presse; mais est-ce un bienfait, que celui qui attaque impu-

nément l'honneur et la réputation des hommes
recommandables par leurs vertus, et qui se permet de monter sur les marches du trône pour
y attaquer le monarque, sa famille, et son pouvoir réglé par les lois, qu'elle cherche, chaque
jour, à dégrader aux yeux de la société, pour
leur faire perdre le respect et la soumission dont
elles doivent être entourées? Est-ce là le présent
funeste que tant de révolutions, qui se sont ac-
cumulées sur nos têtes, depuis quarante ans,
ont entendu nous faire?

Je vais, Messieurs, faire parler une loi provo-
voquée en Danemarck, par une conspiration
contre le trône, et qui, sans doute, est ignorée
du sieur Cormenin. Qu'il la médite, cette loi,
il verra quel supplice est infligé aux auteurs ou-
trageans et injurieux à l'honneur du roi, de la
reine et de sa famille.

« Qui regi, aut reginæ, contumeliosè male-
« dixerit, vel etiam necem, ipsis aut liberis eo-
« rum, machinatus fuerit, vitæ, famæ et bono-
« rum amissionem incurrat, dextra vivo ampu-
« tabitur, corpus in partes dissectum, rotæ im-
« ponetur, caputque, et manus in palo fixentur...
« quod si ille nobilis, aut digniori conditione
« fuerit, insignia ejus a carnifice frangentur. »

Voici la traduction :

« Celui qui aura tenu des discours outra-
« geans et injurieux à l'honneur du roi et de la
« reine, ou à celle de leurs enfans, ou qui aura
« attenté à leur vie, sera condamné à perdre
« son honneur, ses biens et sa vie; il aura la
« main droite coupée, son corps, mis en piè-
« ces, sera exposé sur une *roue*, sa tête et ses
« mains attachés à un poteau, et si le coupable
« est d'une condition noble, ses armes seront
« brisées par la main du bourreau. »

Voilà, Messieurs, un sujet de méditation pour
les auteurs des émeutes, des pamphlets et des
caricatures. Si les lois françaises sont, dans ce
moment, impuissantes pour les punir, si le jury
recule devant les menaces dont on environne sa
personne et son domicile, le temps n'est peut-
être pas éloigné où la société elle-même, ras-
sasiée de ces ordures dégoûtantes, sera forcée de
réclamer la répression des abus dont nous sommes les témoins, et qui nous affligent, quelque
mépris que nous leur accordions.

J'entends de toutes les parties de cette assemblée les cris d'indignation que je partage, des
cris qui réclament une punition éclatante contre
les jeunes insensés qui n'ont pas senti le péril

de leur mission, pour effrayer ceux qui seraient tentés de les imiter, et pour qu'elle devienne un monument de plus de la fidélité que nous avons juré au roi que la France a choisi.

Vous n'avez pas oublié, Messieurs, qu'il en a recueilli les assurances lorsqu'il est venu visiter notre département.

Vous vous rappelez avec quels soins attendrissans le roi a parcouru nos établissemens, et quel intérêt, et quelle sollicitude il y a attachés... Il a encouragé nos efforts... il a applaudi à l'industrie de nos manufactures, il nous a fait espérer que le temps n'était pas éloigné, où le commerce, qui est l'âme et l'aliment de la société et de l'agriculture, ne serait plus troublé par les perturbations populaires qui découragent et ruinent les fortunes les plus honorablement acquises, qui sont destinées à la prospérité du pays, et qui servent d'aliment et de vie à la classe ouvrière et indigente.

Confions-nous, Messieurs, à la sagesse du gouvernement du roi... Voilà notre loi, voilà la tutelle sous laquelle nous devons nous reposer.

Renvoyons ces insensés à leurs commettans et à leurs études ; ils sont témoins des sentimens dont

nous sommes animés, ils les proclameront dans
leurs réunions, ils rendront compte de l'effroi
qu'a produit leur présence parmi nous, et du
mépris qu'ils ont recueilli de leur mission;
nous leur conseillons, ainsi qu'au législateur
qui est devant vous, de se rappeler souvent la
maxime du poète :

Audax omnia perpeti
Gens humana ruit per vetitum nefas.

« Hardie à tout entreprendre, la race humaine
« se précipite dans tout ce qui lui est défendu.»
Voilà, Messieurs, la vengeance que je vous
propose d'exercer sur leur imprudence, sur M.
Cormenin, et sur son système.

Nous avons confié la défense de nos intérêts
aux députés que nous avons envoyés à la chambre élective, nous avons exercé nos droits constitutionnels, notre tâche est remplie : nous leur
avons imposé le devoir de réunir leurs lumières, sur les besoins de notre département, à la
sagesse du gouvernement du roi, et de repousser
de nous ces innovations politiques que des écrivains sans mission font circuler dans la société,
pour nous placer encore au milieu des désor-

dres de l'anarchie, et organiser encore des émeutes, des vociférations honteuses, pour mettre en péril la chose publique.

La fermeté du gouvernement y mettra un terme en brisant les portes de ces associations et de ces réunions occultes, où se combinent tous les plans d'attaque, toutes les résistances, pour faire disparaître la force et l'harmonie du gouvernement, destiné à poursuivre la punition des crimes qui ont été impunis jusqu'ici, et que nous voyons se renouveler au moment où nous écrivons ces pages, par cette opposition ambitieuse et insatiable d'acquérir du pouvoir pour l'exploiter à son profit; elle ne l'obtiendra jamais du roi, qui est le seul dispensateur de l'organisation politique de ses états.

Vous venez de l'entendre, M. Cormenin, vous êtes témoin des sentimens unanimes dont cette assemblée est animée pour le gouvernement, et pour la personne du roi.

Allez dans vos foyers mûrir, dans le calme de la réflexion, vos idées politiques, trop jeunes encore pour avoir quelque crédit parmi nous... souvenez-vous que la rébellion ne sera jamais notre guide, elle sera toujours repoussée par le bon sens et par la raison... Nous avons flétri, par un blâme général, votre conduite politique et vos opinions, que l'ambition et le délire ont enfantées.

Nous accordons sûreté à votre personne, vous pouvez vous éloigner de cette province qui est inébranlable dans son respect et dans son amour pour le roi.

J'ai pensé, Messieurs, que vous approuveriez de rendre compte au roi de ce qui vient de se passer parmi nous au sujet du système de M. Cormenin, et de l'expression de notre indignation.

J'ai pensé que nous pourrions profiter de cette circonstance pour mettre sous les yeux du ministre quelques observations que nous croyons nécessaires pour consolider, dans l'esprit des peuples, leur respect pour nos institutions, le suppliant de faire ordonner à tous les préfets, de mettre un terme à leur vie sédentaire dans leurs départemens, en leur prescrivant de parcourir, toutes les années, une partie des grandes communes confiées à leur administration, seulement avec un sous-préfet et un secrétaire... Ils annonceront à chaque maire leur arrivée, ils convoqueront le conseil municipal, ainsi que les principaux habitans propriétaires.

Les préfets s'occuperont sur les lieux de tous
les objets d'utilité publique qui peuvent intéresser les communes, ils entendront les plaintes
et les réclamations, ils les examineront avec sagesse; ils pourvoiront, par des arrêtés qui seront facilement justifiés, à tout ce qu'il croiront
utile aux arts, aux manufactures, à l'agriculture,
aux routes, aux communications vicinales de
commune à commune; ils prendront telles mesures que les localités leur indiqueront;... ils
mêleront à toutes leurs dispositions le nom du
roi, qui, peut-être, est rarement invoqué...
Ses intentions paternelles sont souvent négli-
gées et inconnues parmi le peuple des campagnes, qui est la force des gouvernemens... Tout
doit parler de l'influence que le roi veut donner
à tout ce qui peut intéresser la prospérité générale de la nation, depuis le trône jusqu'à la
chaumière du laboureur.

De cette manière, et avec une sollicitude constante et le bon esprit qui saura la diriger, les
préfets connaîtront facilement les dispositions
des membres qui composent les corps électoraux et administratifs du royaume, ils auront
des connaissances locales bien différentes de
celles qui arrivent à leurs préfectures, ils lais-

seront après eux des espérances fondées de voir améliorer la situation des communes, ils s'interposeront les arbitres pour concilier les opinions et les intérêts, ils recueilleront ainsi les lumières qui éclaireront leur administration.

Leurs regards se porteront sur l'état des églises, sur leurs ressources locales pour l'entretien du culte, sur l'état des écoles, sur leur enseignement. Quelle mission si elle est bien remplie! et quelle influence elle doit avoir dans l'opinion publique! Le nom du roi, le respect qu'il doit imprimer à nos institutions politiques s'établiront facilement dans le cœur et dans la volonté des peuples : les vœux et les bénédictions s'attacheront à leurs pas; chacun verra une espérance personnelle pour lui, ou pour sa famille, ou pour l'utilité publique. Ses cris d'alarme cesseront. Les cris des émeutes et des séditions, qui ont si souvent alarmé l'ordre public, seront étouffés pour toujours par la vigilance des bons citoyens; personne n'osera sortir de la ligne de son devoir; les malveillans s'enseveliront dans l'obscurité, ou seront facilement dénoncés à l'opinion publique; chaque habitant se croira garant de la fidélité de son voisin; tous, n'ayant qu'un même but, n'auront qu'une

même pensée, une même volonté; aucune ambition ne s'insurgera contre l'ordre public; les
Français deviendront des Français par leur
amour pour la dynastie qui règne; les agitations
seront sans crédit; l'insurrection ne sera plus
un devoir, tout homme qui la proclamera sera
coupable et puni; les directeurs de la presse de
l'opposition n'auront plus d'influence pour exciter les passions et alimenter les partis; elle sera
contenue dans les bornes de la décence et du
respect pour les lois; la corruption qu'elle répand tous les jours n'aura plus d'aliment; la
France redeviendra ce qu'elle a toujours été,
grande et considérée chez toutes les nations;
nos relations avec l'Europe n'auront plus à rou-
gir de la barbare cruauté de nos excès, qui ont
fait de nous un peuple à part de la civilisation
européenne; nous nous replacerons au premier
rang que nous occupions avant que la rébellion
et l'insulte contre le trône nous aient exhérédés
de l'héritage que tant de siècles de gloire nous
ont acquis.

Les étrangers ne seront plus effrayés de nos
émeutes et de la guerre civile qui dévore la
prospérité de la nation.

Attirés par le beau ciel de la France, ils

viendront porter leurs richesses et jouir du produit de notre sol et de notre industrie. La capitale deviendra le rendez-vous de toutes les nations....

J'ajouterai, si vous l'approuvez, à l'adresse que nous ferons parvenir au Roi, l'expression de la douleur que nous éprouvons en lisant certaines feuilles périodiques, où le débordement de toutes les passions est un scandale affligeant pour la société et pour la morale : nous voyons avec indignation qu'aucun frein ne les retient ; et que, sous le masque d'un patriotisme hypocrite et bien peu éclairé, elles se font un jeu de franchir impunément les bornes de la décence et de la raison, ou pour dégrader dans l'opinion publique, le respect que nous devons aux lois et aux mandataires du gouvernement chargés de les faire exécuter.

Nous voulons tous, comme je l'ai déjà exprimé, la liberté de la presse ; elle a agrandi les connaissances humaines, elle est devenue un besoin social... Mais vous penserez qu'elle ne doit pas être destinée à devenir un instrument de corruption ; si la police publique et les lois qui forment la sécurité de la société, ne sont pas entourés de la force nécessaire pour y mettre un frein, la jeunesse inexperte, qui s'élance si rapidement dans la carrière des lettres, y puisera la corruption, et la société elle-même sera bientôt entraînée dans un champ vaste de désordre et de crimes qui s'étendent depuis les marches du trône jusqu'à la chaumière.

Les chambres elles-mêmes sentiront le besoin de fermer le cercle odieux de ces associations d'écrivains sans mission, où les hommes les plus distingués par leurs lumières et leurs talens, où les réputations le plus honorablement acquises y sont décriées avec le plus insolent mépris, parce qu'elles se croient appelées à classer les réputations et en distribuer le blâme ou les louanges en leurs opinions.... Qu'arriverait-il si les abus se prolongeaient? L'homme sage rentrera dans sa retraite pour se dérober à une lutte qui est tous les jours un scandale pour son repos : les hommes publics et les hommes privés renfermeront en eux-mêmes les fruits de leur expérience et de leurs longues méditations, pour ne pas servir de pâture à cette tribune qui en impose à l'ignorant comme à l'homme d'esprit, et jette dans l'ivresse et dans le délire le plus effrayant une population nouvelle et confiante qui se prépare la honte et

une ruine assurée dans l'avenir. Personne ne
voudra plus servir la chose publique; elle deviendrait le patrimoine de ces intrigans qui,
en préparant la chute de l'empire, en exploite-
raient les débris à leur profit, si une main de
fer n'arrêtait le naufrage qui s'apprête à dévorer
nos institutions qui sont sous la garde et sous
la garantie de la sagesse du gouvernement du
roi.

Une chose remarquable, Messieurs, c'est
qu'au moment où je termine ces courtes réflexions sur l'état politique de la France et sur
les calamités qui pèsent depuis long-temps sur
nous, il se prépare une lutte nouvelle et de
nouveaux scandales que quelques membres de
l'opposition organisent en ce moment.

Les feuilles périodiques annoncent avec
enthousiasme que les membres de cette réunion
aiguisent leurs armes pour attaquer la majorité
de la chambre, en la signalant dans les départemens pour avoir combattu avec courage et
raison tout ce que la monarchie, les émeutes,
la haine, la vanité, l'ambition, tout ce que le
délire et les convulsions révolutionnaires ont
offert de plus hideux. Cette majorité s'est constamment attachée à défendre nos institutions, et

à donner au gouvernement du roi la force qu'il a reçue de la loi ; sa tâche a été honorablement remplie ; au milieu des cris des révoltés, elle n'a pas dévié du principe fondamental de nos institutions.

Oui, Messieurs, c'est dans ces réunions que le gouvernement du roi a été de nouveau mis en question, que ses ministres ont été appelés de nouveau à subir toutes les passions des haines, pour les rendre odieux aux peuples, et arrêter ainsi la marche de l'administration....La dénonciation est terminée, elle a déjà subi une première épreuve ; les affiliés du comité-directeur lui ont fait la proclamation avec solennité dans les départemens ;... on y tient registre des opinions pour les mettre en opposition avec celles de leurs collègues de la majorité de la chambre, pour leur préparer, dans leurs départemens, des charivaris, dont on a soin de nous donner les détails dans les feuilles de tous les jours ;... mais ils ne parviendront pas à ébranler leur caractère et leur résolution de sauver la patrie.... Voilà les nobles moyens dont se servent les braves révolutionnaires pour jeter la perturbation dans les esprits, et tourmenter les départemens.

Nous devons, Messieurs, considérer hors la loi les nouvelles assemblées qui s'organisent inpudemment dans le sein de la capitale; elles sont punissables, la loi doit les atteindre.... Ce serait autrement accorder protection ét appui, en face de la royauté, à ces réunions secrètes d'où s'élèvent des vapeurs empestées qui empoisonnent l'opinion du peuple, organisent les émeutes et préparent les crimes. Les rédacteurs de ces comptes rendus sont déjà connus; ils se sont montrés : le grand citoyen des deux mondes, et tant d'autres orateurs ont déployé le répertoire de leurs hautes conceptions et de l'amour patriotique dont ils se croient animés; leur réputation va s'accroître, elle est déjà assez élevée pour récompenser leur orgueil;... la nation entendra le compte de leur mission et des efforts qu'ils ont faits, par des émeutes, pour renverser le gouvernement du roi, qui ne marche pas en harmonie avec le système de l'opposition : ils veulent recommencer une révolution; elle leur est nécessaire pour émanciper le peuple du poids des contributions qui pèsent sur lui, sans son consentement;... ils ont proposé des économies qui ont été combattues; ils ont proposé des résistances qu'ils

n'ont pu surmonter;... c'est-à-dire qu'ils voulaient supprimer des impôts qui sont le prix
de la protection que les personnes et les propriétés reçoivent de l'organisation du gouvernement du roi.... Mais tant que le patriotisme
des factieux ne réglera pas les affaires de l'état,
et que le roi résistera à se livrer à leurs hautes
conceptions, et à déposer dans leurs mains
l'exercice de son pouvoir royal, ils s'écrieront
que la France se débattra et s'épuisera dans
des convulsions sans cesse renouvelées, et
qu'elle sera ravagée par le torrent qui ne laissera après lui aucune trace de son ancienne
prospérité.... Tel est le plan des factieux : ils
appelleront, s'il en est besoin, les dieux infer-
naux à leur secours, *acheronta movebunt.*

Voilà, Messieurs, les promesses et les sermens que ces réunions ocultes nous préparent;
voilà la guerre civile proclamée dans la capitale,
et que les commis-voyageurs cherchent à
étendre sur toute la France, pour y réchauffer
le génie insurrectionnel qui a si souvent soulevé
l'indignation publique, et que les lois n'ont pu
réprimer.

Mais, Messieurs, ce qui se passe sous nos
yeux est-il légalement autorisé par la loi?... Ces

commis - voyageurs qui parcourent la France pour la soulever, ont-ils reçu une mission légale? le gouvernement peut-il garder le silence? la police n'a-t-elle pas le droit d'intervenir sur le caractère politique de ces réunions qui établissent un pouvoir rival de l'autorité du roi ? quoique composé de quelques mandataires de la souveraineté du peuple, qui accorde le diplôme de la mission à ces voyageurs missionnaires? mais ne sont-ils pas rentrés dans la classe des citoyens ? leur mission n'est-elle pas terminée avec la clôture de la chambre? ignorent-ils que cette souveraineté n'existe plus ? que le peuple a consommé son pouvoir et qu'il ne peut se réunir légalement dans la personne des électeurs, que lorsqu'il y est autorisé par la loi : les chambres seront appelées à juger la légalité de ces missions. Ces grands citoyens ignorent-ils que là résident les *trois pouvoirs* déterminés par la charte constitutionnelle, et non dans quelques-uns des membres de la chambre élective, qui se déclarent eux-mêmes des factieux, à traduire devant la loi, un jugement doit être prononcé?

C'est une chose bien étrange qu'on n'ait pas encore défini le caractère et les attributions d'un gouvernement représentatif, établi par la loi de l'état. Voici comme nous l'entendons, ainsi que nous l'avons déjà annoncé.

La loi a déterminé les attributions de la chambre élective, elle a placé dans son vote, comme dans celui du roi et de la chambre héréditaire, l'initiative des lois. Mais si les lois proposées ne sont pas en harmonie avec les principes constitutionnels, si elles sont plutôt le résultat des passions que celui de la sagesse qui doit y présider, le roi a le pouvoir constitutionnel d'en éloigner l'exécution par un seul mot : *J'aviserai.* La chambre élective peut-elle s'y opposer? Que les feuilles périodiques répondent, la loi, la raison et les armes sont là.

La chambre élective a-t-elle le droit de refuser la loi de l'impôt? Je ne le pense pas, la majorité de la chambre n'entend pas ainsi son mandat. Les menaces ne forment pas son droit; elle peut et elle a le droit de faire ses observations sur son chiffre. Elle peut en proposer la réduction qu'elle croit être dans l'intérêt des contribuables, sans avoir égard à la proposition du gouvernement; voilà son seul droit. La chambre élective peut exercer tout son patriotisme et sa popupularité en se renfermant dans une résistance

qu'elle puisera dans la loi et dans sa conscience.
Là s'arrête son pouvoir, là se trouve une barrière qu'elle ne peut franchir, si elle veut conserver la légalité qu'elle a reçu de la loi et de ses
commettans; toute autre résolution ouvrirait la
porte à de nouvelles convulsions qui en seraient
le but. Le roi peut facilement présenter à la nation dans quel état il a trouvé les finances de
l'état lorsqu'il est monté sur le trône, s'il en a
changé la destination, s'il les a aggravées par sa
volonté, et s'il en a abusé en faisant de nouvelles
créations dans l'ordre de son administration. La
nation, éclairée sur ses véritables intérêts et sur
la sage économie de l'administration publique,
ne se laissera plus entraîner par des séductions
qui causent sa ruine depuis long-temps, celle de
son commerce et de son industrie, en la rete-
nant dans une alarme continuelle. D'ailleurs elle
peut en demander compte au chef du parti de
l'opposition, qui s'est emparé, immédiatement
après les journées de juillet, de l'administration
des finances dont il a été chargé; c'est le compte
qu'il doit à la nation des améliorations qu'il a
faites en faveur du peuple; cette tâche, il ne l'a
pas encore remplie; a-t-elle été discutée dans les
réunions multipliées qui ont eu lieu chez lui, et

où ont été proclamés les noms des patriotes qui
ne veulent d'autre gouvernement que celui qu'ils
combinent à leur profit ; dans ces réunions et où
je vois toujours paraître le nom de ce *grand citoyen des deux-mondes*, qui prend toujours la
première place dans les insurrections publiques
et privées.

L'auteur a sous les yeux une lettre que l'infor-
tuné Louis XVI écrivait à ses tantes en Italie, le
15 mars 1792, et qui peint bien le caractère de
ce grand citoyen....... « M. de Laf....... n'a pas
« changé, écrivait le roi, depuis votre départ ;
« son ambition égale sa fausseté, et sa fausseté
« son ingratitude. » Et il ajoute que la reine prétendait que « dans un *siècle de chevalerie*, il eût
« été déclaré *traître et déloyal*. » Le général se
fait gloire de ne pas démentir ce jugement, sanctionné par l'opinion publique.

Rassurez-vous, Messieurs, la France ne se li-
vrera plus aux prestiges de ces réunions de républicains, qui se montrent les organisateurs
d'un gouvernement-modèle en face de la royauté.
La France repoussera les innovations coupables
qui préparent de nouveaux déchiremens qu'elle
veut éviter.

Le moment est arrivé de confondre l'audace

de ces factieux qui viennent de faire imprimer leurs noms et répandre, avec l'orgueil le plus insultant pour l'autorité, le rapport de leurs doctrines républicaines; ils ne balancent pas de déclarer la guerre au roi, à ses ministres et aux membres de la majorité de la chambre.

C'est ainsi que dans tous les temps de trouble, les factieux se sont emparés de la crédulité publique pour dégrader l'autorité royale et pour corrompre l'obéissance qui fait la force et le lien du gouvernement.

Je ne vois rien de si fatal dans la société que ces esprits audacieux, qui trouvent leur énergie dans l'impunité qui est la suite inévitable de ces grandes crises qui secouent le monde dans l'ordre moral et politique.

Il faut en avoir été le témoin pour l'apprécier; il faut avoir assisté aux funérailles des empires; il faut avoir vu la marche accréditée de leur chute, ouvertement résolue; avoir vu écrouler chaque jour quelques-uns de leurs étançons de l'ordre social; enfin, avoir vu la désunion dissoudre tout, lorsque l'union pouvait tout sauver.

Quelle leçon faut-il aux hommes, de plus, pour mettre un frein à leur aveugle ambition, et au débordement de leurs cruelles maximes?

Quelle tragédie nouvelle veut-on mettre en action aux yeux du peuple, pour le rendre le complice et l'instrument des nombreux attentats qui se méditent dans l'ombre et sans obstacle; dans ces affiliations qui se sont formées, et que rien n'est venu dissoudre ni troubler?

Quelle nouvelle expérience faut-il au gouvernement, pour ne pas se mettre en garde contre ces novateurs séditieux, qui conspirent ouvertement contre toute espèce de gouvernement? est-il prudent de s'endormir sur les bords du tombeau où l'on voit s'ensevelir chaque jour les ruines du pacte social ?

Le sang n'a-t-il pas assez coulé en France? Cette terre autrefois si libre et si heureuse sous nos lois, n'a-t-elle pas été assez, depuis longtemps, couverte de prison et arrosée de larmes?

Quel tableau ne pourrais-je pas présenter à la méditation des hommes auxquels sont confiées les destinées de la nation, en leur faisant entendre le désespoir et les cris que la douleur fait retentir encore sur tous les points de la France ? N'est-ce pas là le domaine que les ravages des révolutionnaires ont légué à la génération présente, et qui présagent un avenir si effrayant ? Nul n'est arrêté dans les convulsions de ses passions effrénées, témoins tant de familles respectables dont les pertes ne se répareront jamais; ce cruel spectacle, pouvons-nous l'oublier? La renommée s'en est cependant assez occupé ; mais n'est-ce pas un devoir de le répéter souvent pour qu'une politique affreuse, qui a séduit et trompé pendant si long-temps le peuple le plus doux, le plus humain et le plus hospitalier, se mette continuellement en garde contre ces écrivains dangereux, qui font circuler leur poison pour enivrer leurs victimes et les soumettre à leur joug; ils n'ont pas oublié, et ils en ont su profiter, que du moment où la main de la dépravation ouvrit la porte à toutes les passions, que l'impiété arborait publiquement son étendart et poussait à tous les genres de profanation; que lorsque partout les sanctuaires étaient profanés, les tombeaux des morts audacieusement violés, et leurs cendres dispersées avec impunité; que lorsque partout les temples de la religion étaient travestis en arènes scandaleuses où se dressait les tables des plus horribles proscriptions, où se préparaient le ferment de tous les crimes; que les pratiques de la religion étaient l'acte d'accusation de la piété et de la vertu.

Ayons le courage de rappeler toutes ces scènes

d'horreur pour l'instruction du peuple ; employons tous les moyens pour l'éclairer sur les dangers dont il est menacé par une séduction qui le pousse encore à sa perte ; ayons la constance et le courage de le retracer à la mémoire de ces insensés qui sèment la discorde par leurs écrits, en remuant le bourbier de toutes les passions qui ont poussé à tous les excès et commis tous les crimes.

Que veulent-ils ? Veulent-ils recommencer ces jours de deuil et de larmes, où la société était décimée par les ordres de ces hommes qui avaient condamné l'espèce humaine à périr, et qui ne s'étaient associés que pour former une communauté de crimes ? Veulent-ils voir renaître parmi nous ce spectacle cruel qui avait fait de la France une arène sanglante qui avait épouvanté l'univers ?

Ces fougueux écrivains des maximes populaires, ces protecteurs d'une ochlocratie honteuse, n'ont-ils pas sous les yeux le tableau des longues calamités qui ont dévoré la France ? Les monumens de cette immense destruction ne sont-ils pas encore assez marqués en caractères de sang, à Paris, à Lyon, à Toulon, à Nantes, sur les cendres de Bédoin et sur les rivages de la Loire, qui

n'ont offert pendant long-temps à l'œil épouvanté, qu'un horrible spectacle de deuil, de misère et de désespoir ; la nature frémit encore en
portant ses regards sur ces cadavres palpitans,
précipités du haut des bateaux à soupape et que
rejetaient les flots irrités sur ces plages autrefois si fertiles.

Veulent-ils d'autres exemples des malheurs
publics causés par le débordement des passions
révolutionnaires ? Qu'ils pénètrent dans la Vendée, ce nom qui rappelle tous les souvenirs,
tant de malheurs, et toutes les calamités en faisceau, où on n'a entendu pendant long-temps
que les cris de la misère mêlés aux cris du désespoir ; où l'épouse désolée et des orphelins
plaintifs, échappés au carnage, redemandaient
leurs pères, leurs époux, du pain et leurs chau-
mières, dont ils reconnaissaient à peine le sol !...
où l'oreille n'étaient frappée que par de longs
cris de douleurs qui s'élevaient partout, et où ils
ne retrouvaient que des ossemens, et la cendre
des morts pétrie des larmes des vivans.

Je pense, Messieurs, que le roi, lorsqu'il assem-
blera incessamment les chambres, il leur ex-
posera la crise dangereuse que prépare à la
France, et à l'Europe, l'extravagante conduite de

ces misérables insensés, qui poursuivent, et qui compromettent dans leurs départemens, le repos et l'existence de ces hommes vertueux qui ont puisé dans leur courage, et dans la loi constitutionelle de l'état, tout ce qui est en harmonie avec les intérêts du peuple, avec sa liberté et ses institutions, et leur montrera qu'il est temps que la France soit délivrée de ces foyers d'insurrection et que la loi doit enfin atteindre cette poignée de factieux, un jugement légal, un jugement que les chambres ont le droit de rendre.

Il faut enfin qu'il y ait un terme à ce genre de combats, l'autorité du roi ne reculera point devant le principe, et les prospérités de la nation y seraient ensevelies sans retour; l'expérience lui a appris que l'homme de génie ne saurait gouverner un état sans fermeté. C'est elle qui déplace les ambitions dangereuses, et les remet au rang qui leur appartient, le roi n'abdiquera pas le pouvoir qu'il a uni jusqu'ici à une modération et à une patience sans exemple; il s'est élevé au-dessus des conspirations organisées, il a bravé les complots, il a méprisé leurs pamphlets, le temps en jugera la source et les auteurs, l'opinion en a déjà fait justice dans le cœur des bons Français.

Il importe, Messieurs, que la France connaisse les auteurs de notre détresse, de nos inquiétudes, et de nos alarmes, qui se multiplient par les réunions qui bravent toutes ces lois. Le roi a méprisé les attaques personnelles que des plumes corrompues répandent chaque jour ; il est trop haut placé, pour qu'elles puissent l'atteindre ; le temps n'est peut-être pas éloigné, où ces infâmes écrivains subiront le même châtiment, que ceux dont ils sont les organes et à leur solde.

Le ministère public ne les traduira plus désormais devant les tribunaux, où ils trouvent l'impunité et souvent une sorte de triomphe; le recueil en sera ordonné pour être soumis à la sagesse des chambres ; quand le calme aura succédé à la tempête, quand l'ivresse des passions des hommes de parti sera dissipée, et que le gouffre où ils doivent être précipités sera fermé. C'est dès ce moment que le gouvernement du roi doit soutenir l'énergie qu'il a établi depuis le 13 mars : elle a rassuré la grande majorité des Français, qui ont résisté à toutes les commotions, qui n'ont pu ébranler ni son courage, ni sa confiance dans la fidélité des promesses du souverain.

Je demanderai maintenant à ces hommes de parti et à ceux qui ne figurent pas encore sur la liste de la proclamation du compte rendu, qui prête à tant d'observations coupables, et à une résistance organisée, si persistant à poursuivre le roi pour une nouvelle organisation du ministère, à leur profit, en refusent le budget, si disje, le roi ne voulant pas, pour les sûretés de la France, licencier son armée et la garde civique, pour faire respecter les propriétés, ordonnait à ses généraux de répartir son armée sans solde, de vivre à discrétion sur les propriétés de ces hommes qui se disent *le tout* de la représentation nationale, qui disposent sans mission de la volonté du peuple pour changer la forme de notre gouvernement ? quel moyen emploieraient-ils contre cette résolution, armée, commandée par la nécessité ? Quelle puissance emploieraient-ils ? quelles voix protectrices invoqueraient-ils ? Les émeutes, les insurrections ? Ces moyens sont usés : la force des lois ? les tribunaux ? la Charte ? Mais la suprême loi est le salut du peuple : les lois seront violées, disent-ils, pour leur action régulière, mais *la patrie est en danger.*

Pourraient-ils faire entendre leurs exclama-

tions à la violation de la loi? Le peuple leur ré-
pondrait que ce sont eux qui l'ont provoquée;
leurs commettans les désavoueraient : ordonne-
raient-ils les incarcérations, les dénonciations
contre le ministère qui aurait protégé cette mesure? Mettraient-ils à l'ordre du jour cet instrument de mort qui a fait tant de victimes dans
les jours nébuleux de la révolution? Où trouve-
raient-ils des bourreaux? La lassitude est à son
comble. Feraient-ils un appel à leurs commettans? Ils s'en garderaient bien; ils les mettraient
eux-mêmes en accusation; ils n'exposeraient ni
leur vie, ni leur fortune, ni leur liberté, ni leur
bonheur domestique pour aider des factieux à
résoudre la chimère du programme de l'Hôtel-
de-Ville. Il ne leur resterait que les feuilles périodiques de leur parti. Mais leur existence
est-elle bien assurée? Les auteurs qui ont si
audacieusement abusé de la liberté d'écrire pour
enflammer l'imagination d'une jeunesse inexperte, ne peuvent-ils pas être eux-mêmes enve-
loppés dans la proscription qu'ils ont méritée
depuis qu'ils se sont associés au système qui
veut la destruction du gouvernement qu'ils ont
si souvent eux-mêmes préconisé avec solennité?

Voilà, Messieurs, des prévisions qui peuvent être incessamment réduites en réalité sous un gouvernement qui a le sentiment de sa force, et qui veut éloigner de nous des calamités incalculables pour l'avenir.

L'assemblée est unaniment d'avis de mettre encore ces observations sous les yeux du roi et des ministres.

Il est temps, Messieurs, de terminer cette fatigante assemblée, à laquelle M. Cormenin a prêté une oreille attentive; nous avons aperçu dans ses tristes regards, dans les traits altérés de son visage une sorte d'irritation qui dénonçait la situation pénible de son âme.... Qu'il aille rendre compte à la société des Amis du peuple, à cette réunion de factieux coupables qui ont préparé les derniers événemens dont nous avons été les témoins ; qu'il fasse proclamer dans les journaux ce qu'il a entendu, et le concert des sentimens dont nous sommes animés dans la capitale de la Normandie; attendons-nous à être traduits devant le tribunal de l'opinion, comme coupables de nous être constitués les défenseurs de l'humanité et de nos institutions, sans l'autorisation de la noble institution du comité-directeur; mais n'oublions pas, Messieurs, que ce n'est pas nous qui l'avons provoqué; nous le devons au tocsin qui nous a fait connaître spontanément notre péril; nous le devons encore à ces proclamations des comités insurrectionnels.

Rendons-leur, Messieurs, des actions de grâce, parce que cette circonstance nous a mis à portée d'exprimer publiquement notre adhésion à nos institutions politiques, et notre respect pour le souverain chargé de les défendre et de les protéger; nous leur avons juré fidélité, nous remplirons nos promesses; nous chargeons de notre mépris les hommes qui se montrent si audacieux, et qui, ne pouvant approcher du trône pour ébranler les fondemens par un *vote universel,* qui n'est qu'une aveugle séduction pour tromper le peuple, et ne se réunissent en *comité public* que pour disperser les débris de la royauté par des émeutes et des insurrections de sang qui ont souillé les rues de la capitale:

Je termine, Messieurs, par une question radicale qui a été solennellement agitée dans la chambre élective : c'est la question sur le parjure.

Cette question, Messieurs, a été traitée au milieu de toutes les passions révolutionnaires :

ce combat a été long ; la raison politique et la
dignité de la monarchie constitutionnelle ont
succombé : sa chute avait été préparée par
quelques assemblées électorales, par haine pour
cette distinction politique qui est la force et la
durée d'un gouvernement : les électeurs pourraient distinctement se rendre compte de l'opposition qu'ils ont manifestée dans leurs man-
dats.... Mais le moment de tout détruire était
arrivé; le moment d'exercer un pouvoir sans
bornes pour tout *niveler* a été le vœu constant
de la révolution : les ennemis ont été long-temps
en présence ; le gouvernement, en cédant à des
volontés réciproquement combattues, a voulu
faire cesser un scandale qui se prolongeait au
milieu de toutes les agitations et de toutes les
passions jalouses qui entraînaient la tranquillité de la capitale. Le temps et l'expérience nous
apprendront si les droits de la chambre élective
pouvaient s'étendre à des suppressions qui
anéantissent les appuis qui font la sûreté de la
monarchie, sa défense naturelle et nécessaire,
pour ceux qui veulent, comme nous, la perpétuité de nos institutions. Enfin, Messieurs, nous
avons vu la lutte établie entre l'*aristocratie* constitutionnelle et l'*ochlocratie* sans pudeur qui

s'est montrée en face de la royauté, entre l'opinion de ceux qui prévoient de loin l'ébranlement général de nos institutions et les espérances des factieux qui en méditèrent ouvertement le renversement. Si elles n'étaient pas défendues par le besoin que nous avons de leur stabilité et de leur énergie, le gouvernement ne se laissera pas dominer par des résistances sans calcul pour le présent et pour l'avenir; la France et l'Europe jugeront quelle confiance on doit attacher à la mobilité des institutions d'un peuple qui se laisse entraîner par une poignée d'intrigans et de factieux qui fondent leur ambition sur le bouleversement de l'ordre social. Voilà le programme développé par le *National*, et *la Tribune*, et les autres journaux du parti de la république.

M. Cormenin ne s'est pas tenu à l'écart dans cette discussion solennelle: les feuilles périodiques nous ont éclairés sur ses opinions; il a fait gémir la presse, et s'il s'est tenu éloigné de la tribune, les grands orateurs de son parti y ont apporté leurs talens et toute leur érudition populaire, et surtout le général illustre qui poursuit à mort la royauté partout où il peut la rencontrer. C'est un gladiateur dont les armes se retrempent continuellement pour ce genre de combat; c'est sa manie enfin. C'est une idée fixe qu'il poursuit depuis qu'il a trempé sa lance dans les eaux de *la Délaware* : il ne relève sa visière que pour faire entendre à la tribune ses vastes recherches politiques qui lui ont été miraculeusement révélées, lui qui n'a jamais eu le temps de méditer un seul des ouvrages de nos anciens et de nos modernes publicistes ; aussi, Messieurs, vous avez vu avec quel avantage M. le président du conseil, dont nous déplorons, ainsi que la France, *la perte*, a combattu l'ignorance et la mauvaise foi politique de ce grand citoyen, et comment il a combattu et développé le programme absurde et idéal si souvent invoqué sur les institutions républicaines qui sont sorties de son cerveau comme *Minerve* de celui de *Jupiter*. Si on lui prépare son *apothéose*, croyez-vous, Messieurs, qu'il sera placé parmi les grands hommes modernes, où peut-être il ne trouverait que leur ombre et des cruels souvenirs.

Quant à vous, M. de Cormenin, je ne sais où la renommée vous placera : sans doute elle élèvera pour vous un nouveau théâtre de gloire, pour récompenser et pour couronner de lauriers vos maximes sur le nouveau *vote universel*, qui sert d'évangile à vos honorables amis, et sur-tout sur les dépenses royales dont vous avez fait un étude toute particulière : votre opinion sur le budget et sur la liste civile que vous avez développée avec autant de grâce que de précision, dont les calculs vous ont occupé si long-temps; le Courrier, le National, la Gazette, ont été les voix immortelles qui se sont fait gloire d'en être les proclamateurs : vous avez su y mêler les charmes de l'éloquence aux convenances qui sont le fruit d'une bonne éducation. Vous avez su aussi donner dans cette discussion de l'éclat à l'urbanité et à la politesse, qui est le caractère de la nation française, dont la réputation s'étend sur le monde civilisé : votre opinion a trouvé de généreux défenseurs, et même des admirateurs parmi vos honorables amis, qui ont applaudi aux recherches économiques que vous avez présentées. Si vos efforts n'ont pas été couronnés de succès parmi nous, vous n'avez pas perdu les droits que vous avez à la reconnaissance de vos auxiliaires : pauvre M. de Cormenin, je vous vois succomber sous le poids de votre gloire.

Ouvrez les rangs, Messieurs, à ce grand citoyen, donnez-lui secours et sûreté pour se rendre auprès de ses amis, sa gloire leur est commune : qu'il aille reprendre rang au milieu de ces assemblées des Amis du peuple, si honorablement présidées par le patriotisme de la vertu; qu'il y rende compte des sentimens dont il nous a trouvés animés, et dont la violation n'entrera jamais dans nos pensées et dans le respect que nous devons à l'autorité qui nous gouverne.

Arrêtez-vous, M. Cormenin, voici le courrier qui arrive, qui annonce les nouvelles de la capitale du 6 juin, vous en déplorerez les suites avec nous.

Je terminais les dernières lignes de cet écrit, en réponse à vos opinions scandaleuses, j'espérais, mais en vain, que nous touchions au terme de nos troubles politiques, lorsque le bruit des armes se fait entendre jusque dans ma retraite. Le canon gronde de toutes parts dans les rues de la capitale. Les rappels multipliés annoncent les périls de la chose publique; ils appellent aux armes la garde nationale et la troupe de ligne; la confusion est parmi les habitans,... on s'interroge, on se réunit de toutes parts,... le tumulte va croissant,.. cet appareil de guerre porte l'effroi dans les familles,... les boutiques sont fermées, et l'on ignore encore les causes de cette fermentation inattendue... Une cérémonie funèbre, d'un des chefs du parti de l'opposition, devient le prétexte combiné, qui fournit aux factieux l'occasion de développer leur plan d'attaque pour renverser le gouvernement du roi, et pour proclamer la république, combinée dans cette assemblée publique, devenue un sujet d'insurrection, et qui faisait présager les sinistres succès qu'elle se proposait.

Les trophées de la rébellion parcourent les rues de la capitale; le drapeau rouge, couronné de son *bonnet proscrit*, est arboré avec audace; l'inscription qu'il porte, *liberté ou la mort*, est le signal du combat; les ordres donnés aux *sicaires* sont ponctuellement exécutés, le salaire leur est distribué; les factieux sont à leur poste, ils suivent le char funèbre,... ils paraissent spontanément sous les armes qui leur sont abondamment distribués. Des hommes, pris dans la classe la plus vile de la société, se mêlent à cette jeunesse insensée qui persiste encore à jouer un rôle nouveau dans le deuil et dans l'affliction publique; les postes leur sont indiqués pour commencer l'attaque sur la garde civique et sur l'armée de ligne, des morts et des mourans sont leur

premier triomphe; l'effroi se répand partout....
des barricades sont élevés dans les lieux qui
leur sont désignés par les chefs de la conspiration; les gardes nationaux et les soldats de la
ligne se réunissent de cœur et d'intention pour
défendre la patrie inopinément menacée d'un
bouleversement général; le bruit s'en répand
dans toutes les communes qui environnent la capitale, ce signal seul suffit pour courir aux armes; la garde nationale de la banlieue accourt
de toutes parts, au milieu de la nuit, pour assister au combat, et pour se joindre à leurs frè-
res d'armes de la capitale, leur patriotisme s'élève
au-dessus de tous les dangers, ils n'écoutent que
la voix de la patrie. Aucune considération domestique ne les retient, un concert unanime les
anime; leur détermination et leurs forces réunies jettent la terreur au milieu des rebelles at-
taqués sur tous les points à-la-fois; cependant
les factieux se multiplient avec les barricades
qui ferment l'entrée des rues où ils se retran-
chent; les maisons dont ils s'emparent de force
forment des remparts où les assassins se réfu-
gient pour faire usage de leurs armes avec sûreté, leur camp se fortifie; le carnage dans quelques rues, loin de se ralentir, augmente avec la

rage et l'intrépidité que leur donnent les abris
dont ils se sont emparés; la nuit approche pour
favoriser leur entreprise et proclamer le pillage.

Telle était la situation de la capitale, dont la
commotion pouvait s'étendre incessamment sur
toute la France, c'était aussi le vœu des factieux,
lorsque le roi est informé à Saint-Cloud, à huit
heures du soir, par un de ses écuyers, des désordres qui jettent l'effroi dans tous les rangs
de la société.

Le roi part à l'instant même de Saint-Cloud,
avec sa famille, et se rend au palais des Tuileries,
où sont réunis les gardes nationales et la troupe
de ligne sur la place du Carrousel, il les passe à
l'instant même en revue;... généraux, commandans, officiers et soldats tous sentent la gravité
des circonstances; tous sont animés d'enthousiasme et de patriotisme pour combatre les instrumens de ces factieux qui répandent la terreur
parmi les citoyens, en renouvelant les horreurs
d'une guerre méditée dans l'ombre.

La force publique est distribuée sur les lieux
où la rébellion armée multiplie ses barricades,
et où elles préparent leur triomphe... La nuit se
passe en combats, les rebelles les soutiennent
avec opiniâtreté..., leurs chefs ne se montrent

que dans l'obscurité de la nuit pour diriger leurs mouvemens, et sans doute pour faire le siége du palais des Tuileries, et y attaquer la personne du roi, qui est le but de cette vaste conspiration écrite sur le drapeau de la rébellion.

La garde nationale et la troupe de ligne se précipitent sur ce ramas de brigands, avec une ardeur et une intrépidité dignes des plus grands éloges. Les barricades sont enlevées au milieu d'une grêle de coups qui partent des fenêtres, rien ne ralentit leur courage et leur résolution.

Des morts et des blessés ensanglantent déjà les rues de toutes parts... La nuit se passe dans une anxiété cruelle ,... les mères et les enfans comptent les heures de cette nuit désastreuse, entre la crainte et l'espérance, sur le sort de tant de pères de famille qui se dévouent si courageusement, et qui font le sacrifice de leur vie pour sauver la patrie , et réprimer le crime de cette sanglante rébellion... Que n'ont-ils fait justice des chefs qui la dirigent et qui l'ont provoquée!

Le roi attend impatiemment le jour pour joindre son courage et sa résolution de partager les dangers que court cette foule de braves citoyens, qui affrontent tous les dangers pour délivrer la capitale de ces hommes affreux , que les conspi-

rateurs.ont jetés sur les places publiques pour y
assassiner les citoyens , et les y abandonner
ensuite, selon les chances des combats,... ce qu'ils
ont fait... Que la France soit attentive à ce fait
fidèle,... l'histoire s'en emparera, l'histoire dé-
signera les auteurs de cet horrible attentat...

Le roi aussi est époux et père d'une nombreuse
et intéressante famille, et il l'est aussi de son
peuple, il a en dépôt sa félicité tout entière ;
mais il met au premier rang de ses devoirs et de
ses premières affections, la prospérité et la
paix de la capitale, il ne craint ni les assassins
ni leurs instrumens de mort : il attend que le
jour reparaisse, sa résolution est prompte ; il
brave les dangers : il part de son palais, le duc
de Nemours, son fils, est à ses côtés,... son état-
major le suit. Sa présence sur les lieux du combat redouble, s'il est possible, le courage et la
détermination de l'armée civique et de l'armée
de ligne... Il parcourt les rues qui sont encore
le théâtre de la guerre,... il entend les tubes
d'airain qui vomissent encore la mort... Rien ne
l'arrête, l'ardeur des troupes se ranime à la vue
du roi,... les rebelles sont repoussés partout...,
les barricades sont enlevées;... les assassins sont
dispersés,... les maisons qui leur servaient de

refuge, et dont ils avaient fait des remparts,
sont successivement envahies... Ces misérables
y sont en partie exterminés ou faits prisonniers
et désarmés... Enfin le roi ne rentre dans son
palais que lorsque cette bande de brigands ne
peut plus soutenir le combat, et que le calme
est rétabli dans la capitale... C'est à la justice à
faire connaitre les vrais coupables et à les poursuivre... Elle doit être inflexible contre le crime
capital, elle doit éclairer la France et les électeurs,
elle doit parvenir dans toutes les administra-
tions, sur le vaste et sanglant complot, que
nous préparait l'ambition des factieux, en dé-
clarant audacieusement la guerre à la patrie et
au gouvernement du roi; elle doit marquer au
front et aux regards de la postérité, les noms
de ces misérables ennemis qui se sont précipités
sans pudeur, dans la honte et dans le mépris.

Mais, Messieurs, au milieu de ces triomphes
du patriotisme et de la valeur, au milieu de ce
silence qui succède aux cris de mort qui se sont
fait entendre pendant deux jours et une nuit
dans les murs de la capitale, et dont les sons
allaient frapper le cœur de chaque famille, combien de pleurs et de douleurs affligeaient les
honorables familles dont les chefs couraient au

combat pour défendre leurs personnes et leurs propriétés, qui devaient être la proie du crime, et enfin la patrie qui les élevait au-dessus de toutes les considérations..... Combien ont été transportés chez eux ou mutilés, ou couverts des crêpes de la mort..... Notre plume est trempée dans le sang qui a été versé, et nous frémissons en traçant ces lignes.....

Combien le cœur du roi a été profondément affligé de ces excès coupables qui ont menacé de si près la prospérité et le repos de la France, dont les auteurs ne sont pas encore atteints par les lois que nous invoquons. La France attend une satisfaction éclatante.

Le moment de la justice succèdera enfin à cet esprit conciliateur qui est toujours entré dans le cœur du roi et dans les actes de son gouvernement. Le moment est arrivé de punir les instrumens de ces journées sanglantes qui ont porté le deuil dans tant de familles, dont les pertes ne se répareront que par la confiance qu'elles mettent dans la sévérité des lois; elles doivent être promptes comme les crimes, qui sont venus inopinément attaquer le repos de la société.

Le gouvernement a pris les mesures de salut

public que les circonstances ont rendues nécessaires , pour réprimer et punir les effervescences
effrénées qui entravent continuellement les mouvemens du commerce et de l'industrie, jettent
l'alarme et l'inquiétude dans les relations de la
société , et portent l'effroi dans le cœur des hommes qui aiment la paix et le repos, après tant
d'années passées sous le glaive de la tyrannie et
du crime..... Oui, Messieurs, dans cette attaque
flagrante, dans laquelle les ennemis de la patrie
avaient fondé leurs succès, dans cette conflagration qui devait étendre son crime sur toute la
surface de la France, la grande âme du roi est
devenue le supplément de la loi, et a fait taire
les factieux.

L'opinion publique applaudit à ces mesures,
elles blessent, je n'en doute pas, celle de ces
grands citoyens qui s'alimentent d'insurrections
et de nouvelles révolutions, mais celle des départemens se manifeste contre ces attentats ; les
citoyens armés et l'armée de ligne attendent impatiemment la vengeance des lois, pour rendre
impossible le retour d'une guerre d'ambition et
de crime, dont les auteurs avaient pour but le
renversement de nos institutions constitutionnelles, et les acteurs des espérances promises ,

pour les autres, la solde des récompenses et le pillage qui devait en être la suite.

Que les feuilles de cet exécrable parti se livrent à des exclamations honteuses contre ces mesures de salut public; les périls de la chose publique les rendent légales, ainsi que je l'ai déjà dit; ces feuilles elles-mêmes, comme complices, passeront par le creuset de cette justice, dont elles se sont rendues tributaires en prêchant la révolte jusque dans le sanctuaire des lois; le gouvernement ne doit céder à aucune considération qui le fasse fléchir; son salut est là, ainsi que le repos de la France.

Sans doute la charte constitutionnelle ne permet pas d'enlever un citoyen à ses juges naturels;.... mais la charte a-t-elle prévu que des factieux avaient combiné son renversement à main armée? La charte avait-elle prévu qu'il se formerait dans la capitale des compagnies avec des chefs pour les commander? que ces compagnies seraient parfaitement organisées, enrégimentées et soldées? qu'elles auraient leur drapeau, leur mot d'ordre, et leur point de ralliement indiqué? qu'elles auraient les mêmes armes que l'armée de ligne et la garde nationale, dont elles ont fait usage en les combattant? La charte avait-elle prévu le complot qui avait été formé dans les assemblées fréquentes, dans les clubs qui se tenaient?

Sans doute, dans les temps ordinaires, soustraire un citoyen à ses juges ordinaires pour un délit civil ou personnel eût été une violation de la loi commune à tous, une violation qui n'est point entrée dans la pensée du gouvernement, et qu'il n'est permis ni aux pamphlétaires, et surtout au Constitutionnel, d'interpréter pour soulever l'opinion publique, déjà fatiguée de tant de sourdes répétitions qui indiquent l'arrière-pensée de rendre impunie la prise d'armes de la révolte.

La ville de Paris présentait dans ses murs deux armées ennemies; il est bon que la majorité de la chambre soit parfaitement éclairée sur ce qui s'est passé : l'une combattant pour maintenir l'ordre, l'autre en faveur de la rébellion armée.

Les combats se sont succédés deux jours et une nuit sans suspension d'armes. Des combattans des deux côtés ont été tués et blessés; l'armée constitutionnelle a vaincu l'armée des rebelles; elle est restée maîtresse du champ de bataille; elle avait à sa disposition des prisonniers pris les armes à la main.

Quel parti devait prendre le gouvernement pour punir la trahison des révoltés, dont plusieurs, en uniforme, avaient commencé le combat et tiré sur la troupe de ligne et la garde nationale?

Le gouvernement ne devait-il pas prévoir le retour d'une nouvelle attaque par des ennemis qui n'étaient que dispersés et restaient encore armés? Ne fallait-il pas au moins les mettre dans l'impossibilité de recommencer le combat?

Quel parti était commandé par les circonstances? Était-ce celui de livrer les prisonniers à l'action des tribunaux. Mais les tribunaux ne se seraient-ils pas déclarés incompétens pour juger des actions militaires, et purement militaires? la voix publique ne réclamait-elle pas vengeance, et prompte justice, et punition?..... Le sang des citoyens et de la troupe de ligne ne fumait-il pas encore sur les rues de la capitale? les familles ne comptaient-elles pas leurs morts et leurs blessés avec les cris de la douleur?.....

Et ici, j'appellerais à mon secours les hautes capacités et les lumières de ces jurisconsultes qui sont en possession de combattre, tous les jours, le pouvoir royal qu'ils ont créé; je leur demanderais s'il n'était pas urgent, dans cette crise effrayante, dans l'inquiétude et la douleur où se trouvait la ville de Paris, de porter du calme dans les familles, dont les gémissemens et les regrets se faisaient entendre jusqu'aux portes du palais du roi? Je leur demanderais s'ils auraient trouvé d'autre moyen que celui de déclarer la *ville de Paris en état de siége*, et de former des tribunaux militaires pour juger des militaires, pris les armes à la main, qui avaient assassiné tant d'honorables pères de famille qui avaient sacrifié leur vie pour la défense de la capitale? D'ailleurs, cette mesure était-elle si étrange, qu'elle soit devenue un objet d'irritation et de scandale parmi les faiseurs de journaux, qui prennent l'initiative sur tout ce qui intéresse l'ordre public, et se croient les conseillers nécessaires du ministère pour diriger leurs opérations? Mais, après avoir déblatéré contre eux, après avoir aigri toutes les passions, leurs écrits passeront; en seront-ils plus avancés dans l'opinion des peuples? Leur plume s'émoussera, leur répertoire s'épuisera; de quoi entretiendront-ils leurs abonnés? N'auraient-ils pas mieux servi le pays, s'ils avaient rappelé à leurs abonnés, que ce n'était pas la première fois que la ville de Paris, ainsi que d'autres villes du

royaume, avaient été mises en état de siége?
Les monumens de l'histoire ne nous en présen-
tent-ils pas plus d'un exemple, pour le malheur
de l'humanité? Dans d'autres temps, où la
guerre était dans les murs de la capitale, et tantôt hors de la capitale, les parlemens récla-
maient-ils contre la mesure transitoire de l'état
de siége, ordonnée par le pouvoir? L'état de
siége n'est-il pas un attribut de la royauté, sur
une ville où une garnison immense pourrait
former des collisions avec les ennemis intérieurs
et extérieurs, et la livrer au parti qui aurait, à
sa disposition, plus de moyens de corruption?
Que deviendrait la royauté, qui serait mise en
problême, si quelques magistrats se plaçaient
au-dessus de cette autorité tutélaire, qui doit
servir de barrière aux conspirations, et de sécurité aux paisibles habitans? Où serait donc l'action du gouvernement, qui est responsable de
la répression des désordres publics?

Ici, Messieurs, j'avoue que je ne puis exprimer mon étonnement, en apprenant qu'une des
sections qui composent la haute cour, se soit
emparée de tous les pouvoirs, qui n'étaient
pas de sa compétence, contre des jugemens rendus par un conseil de guerre qui avait aussi son

tribunal de révision; et que, sur douze membres composant cette section, deux voix ont
fait éclipser les pouvoirs du conseil de guerre
établi à la suite de l'état de siége.

Ce premier succès, encouragé et défendu
par l'éloquence et l'opinion des pamphlétaires et des orateurs de la tribune, qui défen-
daient leur ouvrage, en faveur des combattans de leur parti; les hautes mesures prises
par le gouvernement ont été renversées,
les tribunaux ont été saisis des actions du
champ de bataille, et des jurés ont été appelés à prononcer sur leur criminalité, le
gouvernement du roi a été renversé, et les
factieux ont triomphé. Je laisse à l'opinion éclairée le soin de juger l'opinion de ces magistrats,
qui a fait loi; car j'ai cherché vainement dans
quel article de la charte leur conscience s'est
réfugiée, pour porter un tel jugement contre les
mesures de salut public proposées par le gouvernement.

Sans doute les lois qui régissent les peuples
sont sages; elles sont l'image de l'éternelle sagesse;
le roi, lui-même, est le premier sujet de la loi,
et donne, le premier, exemple; elles protègent
les faibles contre les hommes puissans; mais,

sans les armes qui les font respecter, sans les armes qui sont leur appui et leur défenseur, elles ne seraient qu'un instrument inutile, et l'état deviendrait souvent la proie de la rébellion et du brigandage. — Ce qui vient de se passer à Paris le prouve... Sans cette harmonie, l'autorité judiciaire serait tout entière le gouvernement de la France, qui ne serait plus l'asile de l'innocent, la barrière du crime; l'autorité judiciaire prendrait sur sa responsabilité ces excitations séditieuses qui secouent le repos de la société,... et se placerait à la tête de la puissance publique. Ainsi, un tribunal judiciaire, rival de ce pouvoir politique de l'état, pourrait perpétuer, à son gré, la rébellion et la révolte, et rendre le crime impuni. Ainsi, un jury oserait-il condamner ces perturbations armées, ces complots surpris en flagrant délit, les armes à la main? Ainsi, le pouvoir de l'administration du royaume ne pourrait-il pas devenir nul, dans les mains responsables des hauts fonctionnaires, qui doivent compte à la nation, des causes qui en troublent la prospérité? Et c'est la conscience timorée de ces deux juges qui a fait pencher la balance en faveur de l'insurrection impunie! La postérité ne le croira jamais : leurs noms deviendront des noms historiques; ils subiront leur jugement, du présent et de l'avenir.

Et ici, Messieurs, je ne puis me défendre de vous présenter une triste et affligeante réflexion, dont vous pénétrerez facilement le motif, vous qui êtes animés, comme moi, du désir de voir le terme des agitations et des complots qui se renouvellent au gré de ces hommes qui ne peuvent vivre qu'au milieu du tumulte des conspirations, qu'ils savent si bien organiser, et dont ils ont besoin, comme d'une pierre d'attente, pour arriver au pouvoir; vous serez aussi affligé que moi, que le gouvernement ait cédé à de vaines clameurs, en annulant l'état de siége, qui avait déjà rendu le calme dans la société, et jeté l'épouvante parmi les auteurs des désordres de la capitale. — N'en doutez pas, Messieurs, une telle concession deviendra un encouragement pour recommencer leur sanglante tragédie : le dénouement n'est pas éloigné du rivage, les conspirateurs cruels conservent le pouvoir de réorganiser leur armée. Vous jugerez, Messieurs, si ces événemens n'avaient pas été combinés par la haine que portent à l'autorité des lois, des hommes destinés à donner l'exemple d'une perversité politique, et que leur position place hors

la ligne commune, qui les émancipe provisoire-
ment de la loi qui punit : c'est dans ces associations des factieux qui ont levé, les premiers, par
ce compte rendu, l'étendard de la dernière révolte, que nous les avons vus se dépouiller de
toute hypocrisie, jeter le masque de leur ambition, ne plus cacher leur haine pour braver le
le gouvernement du roi, et devenir, ainsi, la
source et les élémens de la discorde et de la perturbation, dont la France ressentira long-temps
les secousses, et dont le retentissement se fera
sentir, pour notre honte, dans toute l'Europe.

Quoi, Messieurs, quarante années n'ont pu
éteindre la soif des révolutions! des révolutions
sanglantes, qui mettent, tous les jours, les passions en action, et font taire tous les sentimens
humains; le cercle ne sera donc fermé qu'a-
près avoir accablé la société de tous les fléaux,
et déplacé toutes nos institutions, pour en créer
de nouvelles! Quoi! serions-nous destinés, encore, à être placés hors de toutes relations civiles
et politiques, avec les puissances civilisées, qui
ne voudront plus avoir de pacte, ni d'association
avec une nation où tout est profanation et crime,
et où les factieux ont une armée soldée et équipée, qu'ils peuvent, chaque jour, mettre paisi-

ment en campagne pour attaquer le gouvernement du roi, nos lois constitutionnelles, et jeter
l'alarme en Europe, attentive à nos excès ?

C'est ainsi, Messieurs, qu'une jeunesse insensée, séduite et trompée, se précipite dans le
crime de la rebellion, qu'elle devient l'auxiliaire
de ces hommes *déguenillés*, soignés et soldés
depuis long-temps, que nous avons vus marcher
à la suite du service funèbre, pour opérer
cette crise terrible qui a effrayé les paisibles habitans de la capitale.

En terminant cette longue série de crimes dont
je n'ai point exagéré la vérité, vous verrez ce
qu'a produit l'impunité envers les coupables ; je
ne crains pas de soumettre à vos sages réflexions
les moyens qui sont encore employés dans les
réunions secrètes pour ajouter de nouveaux
désordres aux crimes qui y ont été combinés et
qui, dans les derniers événemens des 5 et 6 juin,
ont échoué devant la fidélité inébranlable de
l'armée, unie à l'empressement et à la fermeté
de la garde nationale de la capitale et de la banlieue.

Il n'est point, Messieurs, de genre de corruption qu'on ne mette encore en usage dans le
sein de la capitale, pour séduire et tromper l'ar-

mée qui est la puissance qui veille à notre salut.

Des pamphlets, des caricatures infâmes dont les presses clandestines ne sont point avares, se répandent chaque jour dans les corps-de-garde et dans les casernes, pour mettre à l'épreuve la fidélité du soldat; mais le soldat, fidèle à son serment au roi et à la patrie, repousse le piége, et se prépare plutôt à des nouveaux combats, si l'audace persiste dans ses criminelles résolutions d'appeler encore la guerre civile parmi nous.

Le soldat français, messieurs, n'est point un homme mercenaire qu'on puisse corrompre pour de l'argent, ni par des promesses fallacieuses; son éducation, l'intérêt de sa famille, son courage et sa valeur, l'élèvent tous les jours pour l'honneur et pour le salut de sa patrie. Il sait qu'il est placé au premier rang dans les armées européennes, il ne ternira point une si noble et si juste réputation, il a sous les yeux des exemples innombrables que nous pouvons présenter à l'histoire pour en perpétuer le souvenir : ce caractère national a été éminemment remarquable dans tous les temps, soit dans les guerres anciennes soit dans les guerres modernes. L'Europe a été étonnée de nos succès, et la nation partage chaque jour une gloire si honorablement acquise. Les récompenses d'honneur qui y sont attachées sont le principe d'une émulation qui se reporte sur chaque famille : il admirera la grandeur et imitera la réponse de ce soldat romain qui refusa une chaîne d'or que lui offrit son général pour une action d'éclat : — Garde, lui dit-il, de pareilles récompenses pour un mercenaire. Un soldat prodigue de son sang n'ambitionne que des grades et des distinctions : aussi une couronne de *gramen* était-elle plus honorable qu'une couronne d'or.—Nous avons été les témoins, Messieurs, des prodiges de valeur que les distinctions militaires, les décorations anciennes et nouvelles ont opérés parmi nous : elles seront dans tous les temps la garantie de l'honneur et du repos de la France. Les factions poursuivront vainement leurs coupables projets, l'armée y répondra, et leur ôtera toute espérance de succès, en lui rappelant ce que ce général de l'armée romaine disait à ses soldats : Souvenez-vous que vous *êtes Romains*, souvenez-vous que vous êtes Français.

Que devions-nous désirer, Messieurs, pour le salut de la France et pour la stabilité de nos institutions ? Que devions-nous désirer ? Ce qui est le vœu d'un patriotisme éclairé : c'est que les hautes mesures dont le gouvernement avait été forcé de faire usage pour arrêter la lutte sanglante qui pouvait devenir un incendie général dans le royaume, fussent rigoureusement exécutées.....

Ce que réclame encore, de la sagesse du gouvernement, l'intérêt de la société, c'est que les auteurs de ces feuilles périodiques, qui mettent leur gloire et leur profit à corrompre l'opinion du peuple et à l'exciter, par des espérances trompeuses, soient soumis à des lois qui auront les tribunaux pour les punir, au lieu de leur accorder une garantie qui les émancipe de toute responsabilité sociale, en dégradant l'autorité, et en lui faisant perdre le respect, qui est la garantie de l'exécution des lois. Surtout, Messieurs, nous devons faire des vœux pour que ces hommes soient exhérédés de la clémence du prince qui nous gouverne avec tant de modération ; il sera forcé de réclamer une loi d'exception, qui vienne consoler l'humanité de tout ce qu'elle a souffert. Cette satisfaction est due aussi à l'armée, qui vient de combattre le crime, et qui aime son roi.

Là se termine cet écrit, dont j'ai différé l'impression, pour en faire hommage aux membres qui composent la majorité de la chambre élective, qui se sont pénétrés de l'état malheureux dans lequel la France se trouve placée, et qui n'ont pas craint de combattre pour sa prospérité et pour son repos. C'est pour eux et pour leur sûreté personnelle, que j'ai présenté ce tableau hideux de nos révolutions.

Oh! si ma faible voix pouvait s'élever jusqu'au trône! si elle pouvait affermir, dans des projets salutaires, quelques-uns de ces hommes choisis auxquels sont confiées les destinées de la France attaquée par tant d'agitations; si la vérité, sans dissimulation, que j'ai présentée, pouvait concourir à mettre un terme à cette guerre sanglante d'opinion et de crime, qui verse, depuis si long-temps, tant de calamités sur notre malheureuse patrie, ce serait la seule récompense qui pourrait venir me consoler dans ma retraite, et j'aurais assez vécu.

Je finis par cette profession de foi :

Prisca juvent alios, ego nunc me denique natum gratulor.
JUV.

FIN.

11

DE LA LIBERTÉ DE LA PRESSE

ET DE LA SITUATION

DU GOUVERNEMENT A SON ÉGARD.

———

La liberté de publier sans entraves l'expression de sa pensée est une des plus précieuses prérogatives de l'homme qui vit sous un gouvernement représentatif; il faut qu'elle soit franche et pure de toute influence, car, sans cela, elle serait sans utilité pour l'individu qui possède en elle un moyen de combattre l'injustice; sans utilité pour les masses auxquelles elle sert d'égide contre les tentatives du despotisme; sans utilité pour le gouvernement qu'elle avertit de l'incapacité, de la négligence ou de la trahison de ses innombrables agens, dont elle seule peut être l'incorruptible surveillante. Mais à côté de ces immenses avantages se groupent de graves inconvéniens : la ligne entre l'usage et l'abus est étroite; il n'y a qu'un pas de la liberté à la licence. La liberté de la presse est comme ces substances douces et salutaires qui, par la plus légère altération, deviennent aigres et malfaisantes : aussi cette délicatesse extrême rend-elle sa surveillance et sa conservation d'une excessive difficulté.

Jusqu'à l'époque de juillet, la presse, souvent garottée, fut, pendant ses momens de liberté, traitée avec une brutalité qui développa en elle une maladie d'irritation : elle eut constamment la fièvre, et la communiqua aux masses; il en résulta une catastrophe qui écrasa les bourreaux.

Depuis juillet, elle eut toute sa liberté; mais l'irritation passée laissa des traces; mais on usa de la liberté avec inexpérience souvent, avec abus prémédité quelquefois, et on est tombé dans la licence. Le gouvernement n'avait d'autres armes que celles d'autrefois, et il hésita de s'en servir, dans la crainte de faire renaître l'ancienne irritabilité; les bons citoyens gémissent des excès et sont impuissans, car on ne peut contenir la pensée comme on dissipe une masse ameutée.

Dans cette position critique, il faut un remède prompt. D'une part, que le gouvernement abandonne totalement les anciens moyens de répression et de surveillance, répudie tout ce qui *sent* la police, dans ses rapports avec la presse, et crée une sorte de magistrature paternelle dont la douceur soit égale à la force pour la surveillance et la répression. D'un autre, que les citoyens consentent, non à entourer d'entraves la pensée, mais à poser des limites au-delà desquelles serait la licence, et tout rentrera bientôt dans l'ordre. Les citoyens ne doivent pas hésiter devant une telle mesure : la liberté naturelle est limitée par la civilisation; la liberté politique a ses bornes dans la charte, et nulle part il n'y a plus de liberté pour tous que là où il y a civilisation et constitution. Il en sera de même pour la pensée. jamais son influence ne sera plus puissante que lorsqu'elle ne détruira pas sans cesse, par la licence, la croyance qu'on doit avoir dans ses assertions. Au reste, une loi sage pour poser des limites, un jury pour juger les abus: et la liberté sera toujours dans sa plénitude.

Cependant la hardiesse de la licence et les abus deviennent de jour en jour plus menaçans; rien n'est respecté, on déconsidère tout : cette marche, constamment suivie, amènerait

la masse à tout mépriser; dès-lors il serait difficile, pour ne pas dire impossible, de gouverner.
En effet, les hommes gouvernés doivent obéir
ou à la loi, ou aux magistrats; il faut respecter,
considérer celui qui exige pour pouvoir obéir :
du moment où il n'y aura ni respect ni considération, il n'y aura plus d'obéissance, et dès-
lors naîtra l'anarchie.

Les abus de la presse ont deux sources : l'une
donne ses produits ouvertement et en face des
lois, l'autre se glisse inaperçue, distribue ses
produits sans pouvoir être surprise : c'est la
presse *clandestine.*

Les excès faits en face de la loi sont peu du
domaine de ces notes; ils n'y rentrent que pour
l'exécution des arrêts qui ordonneront sup-
pression et saisie; mais dès qu'il y aura jugement de condamnation, ils seront rentrés dans
le domaine de la clandestinité. Nous ne propo-
serons aucun moyen de répression pour les
abus *légaux,* c'est-à-dire faits en face de la loi;
c'est aux trois pouvoirs à prononcer. Nous nous
bornerons à énoncer une opinion : les acquitte-
mens scandaleux sont le résultat de l'organisation du jury. Changez (si toutefois cela se
peut) le nombre de voix nécessaires au verdict

de culpabilité, et l'abus sera réprimé : toute la question est là.

Quant à la *clandestinité*, ses produits sont immenses : qu'on me donne cent mille francs, me disait quelqu'un, et dans une journée j'apporte pour cent mille francs de ces sortes d'écrits. Rien n'est facile comme de produire un libelle, de le répandre; mille circonstances favorisent ce genre d'abus, et on peut en user sans prodiguer l'argent. Il serait trop long d'énumérer ici les causes de cette facilité de produire; il suffira de dire qu'elle résulte de l'inexécution des lois et de l'ignorance des hommes appelés à les surveiller. On a cependant pris quelques hommes spéciaux, d'anciens imprimeurs et libraires, mais vaine a été la précaution, une marche de répression était suivie, ils y sont entrés; ils ont, dès-lors, perdu leur spécialité et sont devenus hommes de police.

DES IMPRIMEURS,

ET DES CONTRAVENTIONS AUX LOIS

QU'ILS SE PERMETTENT AVEC IMPUNITÉ.

———

M. Benjamin Constant s'est livré à des considérations élevées sur les inconvéniens et l'arbitraire de la loi qui astreint tout homme qui veut être imprimeur, à se pourvoir d'un brevet; sur l'injustice de la disposition qui borne à un chiffre fixe le nombre des brevets; et avec l'ascendant de sa haute réputation, il a persuadé à beaucoup de personnes qu'il n'y aurait de véritable liberté de la presse que lorsque la partie matérielle de l'art d'imprimer serait affranchie de toute responsabilité. Il m'est pénible d'être d'une opinion tout opposée à celle du célèbre publiciste que nous pleurons tous; je n'oserai, avec mes faibles moyens, attaquer même la partie faible de ses raisonnemens, mais je me bornerai à dire à ceux qui se sont laissé entraîner par son éloquence : Voyez ce qui se passe, et dites-moi si, malgré cette longue énumération de chaînes dont on dit que la presse est chargée, elle ne jouit pas, néanmoins, de la liberté dans toute sa plénitude. Ah! que la mort n'a-t-elle pas épargné jusqu'aujourd'hui l'illustre orateur dont la tribune est veuve, et il s'écrierait : Je me suis trompé; et pour me prouver qu'on était libre, on s'est jeté dans la licence.

Ce n'est pas, toutefois, que je prétende que rien ne soit à changer dans la législation qui régit l'imprimerie, je crois, au contraire, qu'elle doit être totalement refondue; je crois que la disposition qui limite le nombre des imprimeurs doit être abrogée; que tout le monde peut avoir le droit de devenir imprimeur, ce qui satisferait les ennemis des priviléges, mais à condition de se soumettre à certaines conditions, qui seraient calculées de manière à donner à la société et au gouvernement toute garantie contre les abus. Ces conditions d'aptitude à être imprimeur sont assez difficiles à établir : la principale est le cautionnement; mais la base, la quotité de ce cautionnement n'ont été posées par personne, je crois, de manière à concilier toutes les opinions : on n'a jamais pensé, que je sache, à prendre pour base le nombre de presses que l'on veut ou peut occuper.

Les systèmes établis conviennent, par le fait même de leur existence, à bien des gens ; de plus, beaucoup de personnes, influentes en fonctions depuis de longues années, sont habituées à la marche du passé, et s'opposent à toute innovation qui nécessiterait un nouveau travail pour elles ; il faut donc démontrer à l'évidence les inconvéniens de ce qui est établi.

La loi actuellement en vigueur a considéré qu'un homme qui achetait un brevet 25,000 fr., qui, pour exploiter ce brevet, était obligé d'avoir un matériel d'au moins 100,000 francs, offrait toute garantie qu'il ne se livrerait à aucun délit, parce que le délit pourrait entraîner le retrait du brevet, ce qui, du jour au lendemain, réduirait ses 125,000 francs, à, au plus, 50 ou 60,000. Telle a été la pensée et le but des législateurs qui ont établi ce qui est : lisez leurs discours et opinions. Voyons, maintenant, ce qui existe dans maintes imprimeries de Paris. Un homme achète un brevet 25,000 francs, et loue un vaste local : quant au matériel, il n'en a que peu, ou point. Six, huit, dix individus, propriétaires chacun d'une presse et du caractère nécessaire, s'installent dans ce local, et paient une indemnité au propriétaire du brevet. Celui-ci, ou homme léger, ou homme faible, ou homme de plaisir, s'occupe peu de ce qui se fait sous son nom; il s'en rapporte à la bonne foi de ses locataires, et n'est pas trop rigoureux dans la prudence qu'il exige d'eux, pourvu qu'ils soient exacts à lui payer son loyer. Mais, dira-t-on, il s'expose à perdre son brevet. Cela est très-vrai, mais on est peu scrupuleux sur les risques du capital quand l'opération rapporte 15 à 20 p. o/o. Et ne se berce-t-on pas toujours d'échapper au péril ? Voilà pour le propriétaire du brevet : voyons maintenant la position du propriétaire d'une fraction du matériel. Un de ces imprimeurs à loyer possède un matériel de cinq à six mille francs, c'est tout son avoir : soit par opinion, soit par spéculation, il trouve une impression clandestine, dangereuse à faire, et des hommes de parti qui paient bien : qui peut donc l'arrêter? son matériel est peu de chose, l'opération le lui paie et au-delà, et son obscurité personnelle qu'il ira, pour quelque temps, cacher au fond d'une imprimerie de province, le fera échapper à la prison et à l'amende. Placez ce thème sur tous les degrés d'une échelle ascendante et descendante, et vous aurez des délits de tous les degrés, et des chances d'impunité de toutes espèces.

Maintenant si nous considérons ces imprimeries à loyer sous le rapport commercial, nous aurons d'autres inconvéniens plus graves peut-être, en ce qu'ils ont fortement contribué à jeter dans la détresse une branche de commerce qui tient le second ou troisième rang dans l'industrie parisienne.

Des ouvriers qui avaient amassé quelque argent, se sont réunis, ont acheté un petit matériel d'imprimerie, se sont placés dans une imprimerie à loyer, et ont fait, pour leur compte, des impressions qu'il ont vendues douze, quinze et vingt-cinq sous le volume : ils pouvaient donner à ce prix, parce qu'ils ne cherchaient pas le bénéfice, et se contentaient de l'intérêt de leur matériel et de leur journée d'ouvrier.

Les ouvriers, qui ne pouvaient en faire autant, se trouvaient sans ouvrage; parce que le libraire prudent, qui ne pouvait établir au même prix, suspendait ses opérations, qui devenaient languissantes par la comparaison de ses prix et de ceux établis par les ouvriers-éditeurs. Si quelques

libraires tentaient de lutter contre les ouvriers-
éditeurs, ils se ruinaient bientôt ; et leur faillite
portait la ruine chez le papetier, le maître imprimeur, le graveur, le brocheur, etc. ; et c'est ainsi
que s'est complétée la ruine d'un commerce jadis
si florissant : c'est ainsi qu'on a jeté dans les
mécontens, et mis à la disposition des faiseurs
d'émeutes, une classe d'ouvriers dangereuse
par ses demi-lumières.

Ainsi donc, voilà bien établi, je crois, le vice
et les inconvéniens de la législation, qui or-
donne qu'il n'y ait que quatre-vingts imprimeurs
à Paris, et qui, par le fait, en laisse établir plus
de deux cents, peut-être, dont les trois-quarts
sont sans responsabilité réelle.

Mais, supposant un instant que ces abus
n'existent pas, je dirai encore : La législation
établie ne vaut rien. Un imprimeur ne peut rien
faire sans le déclarer ; il ne doit livrer à la pu-
blicité, que quand un exemplaire est déposé, et
récépissé donné par l'autorité. Eh bien ! cependant, on peut imprimer un ouvrage mauvais,
en remplissant toutes les formalités, et le faire
échapper à la saisie, telle qu'elle est organisée
aujourd'hui ; et un fait à l'appui. Un homme
de la police offre à un libraire un recueil piquant

sur le personnel de la police de Paris (c'était en 1826 ou 1827). Au milieu de l'impression, l'homme de la police, n'importe par quel motif, recule devant la publication de son recueil : il veut la suspendre, l'éditeur n'y consentit pas ; l'ouvrage fut continué et parut malgré tous les efforts de la police. Pourquoi ? c'est que l'éditeur avait, avant de faire le dépôt, retiré toutes les feuilles de son ouvrage, bien persuadé que l'ouvrage serait saisi et vivement recherché.

Enfin, je ne terminerai pas cet article, déjà trop long, sans dire qu'on peut déclarer l'impression d'un ouvrage dangereux sous un titre qui n'attire nullement l'attention, durant l'impression ; et, la veille de paraître, faire déclaration d'un titre nouveau et scandaleux, publier avant que l'autorité ait pu sévir, cacher toute l'édition, et obtenir des journaux tous les articles désirés, etc., etc.

www.ingramcontent.com/pod-product-compliance
Lightning Source LLC
Chambersburg PA
CBHW072240270326
41930CB00010B/2208